GIACOMO BRUNO

THE SIGN

Come le tue decisioni lasciano
il Segno nella tua vita

Titolo

"THE SIGN"

Autore

Giacomo Bruno

Editore

Bruno Editore

Sito internet

http://www.brunoeditore.it

Sommario

Introduzione

In molte situazioni ci troviamo a dover prendere decisioni difficili, a fare scelte che potrebbero cambiare la nostra esistenza. Le nostre scelte, in qualche modo, *segnano* e *di-segnano* la nostra vita.

Ma come fare per decidere in maniera veloce ed efficace? Dov'è il *segno* che ci indirizza verso una precisa scelta?

Certamente non è all'esterno di noi stessi. Certamente non è nell'ambiente che frequentiamo. Il best-seller *La Nuova Legge di Attrazione* ci ha già detto che se vogliamo realizzare i nostri sogni dobbiamo *di-segnarli* vividamente nella nostra testa, dobbiamo scriverli e trovare una strategia concreta da mettere in atto.

Tutto parte da dentro, dalla nostra mente. E il *segno* che cerchiamo, la direzione che vogliamo seguire, è già in noi: si chiama "sistema di valori". Conoscere i tuoi **valori**, infatti, significa conoscere te stesso: avere una direzione ben chiara per poter affrontare le decisioni in maniera rapida e veloce. I grandi leader decidono in maniera molto veloce e difficilmente cambiano idea, perché conoscono il proprio sistema di valori.

Avere chiari i tuoi valori significa sapere dove stai andando e poter decidere più facilmente tra varie possibilità, specie in situazioni difficili. Questo è ciò che *segna* il tuo successo.

Devi chiederti: «Questa scelta fa parte di me? Va nella stessa direzione in cui sto andando io? Sì? Bene, è la scelta giusta. Quest'altra, al contrario, non rispecchia i miei valori? È meglio scartarla.» Una volta che avrai preso coscienza dei tuoi valori, prendere decisioni sarà molto più facile.

Vedremo quanto sarà importante la "proattività", ossia la capacità di scegliere come rispondere agli stimoli esterni anziché reagire ad essi automaticamente. Metti la tua scelta al centro, tra lo stimolo e la risposta. Ma la scelta avviene in base ai tuoi valori; se conosci i tuoi valori, infatti, ogni volta che ti capiterà di prendere una decisione potrai scegliere come rispondere agli eventi, alle situazioni ambientali, e lo farai nel modo migliore, più veloce ed efficace.

Più avrai chiara la tua direzione verso i tuoi valori, più sarai allineato ad essa, e più ti sarà facile cogliere i *segni* per arrivare a decisioni importanti, spesso difficili da prendere. L'allineamento personale riguarda i livelli sui quali un uomo vive, lavora; riguarda l'ambiente che frequenta, il comportamento che assume, le capacità che ha, le sue convinzioni e i suoi valori, la sua identità, lo spirito che lo guida.

Se sei davvero convinto di un obiettivo da raggiungere, troverai il modo di accrescere le tue conoscenze, agire e motivarti per perseguirlo. Viceversa, se hai un'occasione nel tuo ambiente, se ti arriva un *segno* del destino ma non sei in grado di darti da fare o non hai voglia di farlo, se non sei motivato, perché ritieni che quell'occasione sia troppo difficoltosa da perseguire o pensi che non faccia parte della tua identità, non otterrai risultati. Allineare i propri livelli significa renderli uniformi alla propria direzione per raggiungere al massimo i risultati, gli obiettivi che ti poni.

La direzione verso cui ti muovi è la missione che *segna* la tua vita. Se avessi ottant'anni, cosa vorresti aver lasciato alle persone con cui hai vissuto? Cosa vorresti fosse ricordato di te, del tuo nome, della tua vita? Che *segno* vorresti aver lasciato negli altri?

Come potrai constatare, tutti questi fondamenti si integrano a vicenda affinché tu possa fare le migliori scelte anche nei contesti più difficili.

Buona lettura!
Giacomo Bruno

GIORNO 1:

Segnare la tua vita con le decisioni

Secondo gli studi più accreditati, svolti tanto negli Stati Uniti quanto in Italia, il leader, cioè colui che lascia il *segno* negli altri, decide velocemente e cambia idea lentamente. Quindi, se una persona sa quello che vuole, ha una direzione ben precisa e conosce se stesso, prenderà velocemente decisioni anche difficili e cambierà idea solo in rari casi e dopo attente riflessioni. In generale tenderà a non cambiarla; ma se lo farà, agirà con molta cautela. Infatti sarà così sicuro della decisione presa da modificarla solo in caso di eventi molto importanti, tali da mutare profondamente la propria situazione di vita, coinvolgendo i propri valori e le proprie convinzioni.

Al contrario le persone comuni, che non hanno un carisma da leader, sono sempre indecise, e una volta presa la loro decisione cambiano idea facilmente; lo fanno perché, in realtà, non ne erano tanto sicure.

SEGRETO n. 1: ciò che contraddistingue i veri leader è la capacità di prendere anche le decisioni più difficili velocemente e, di norma, senza ripensamenti.

Ecco perché è molto importante capire la psicologia che c'è dietro alle decisioni. Su questo argomento sono stati scritti molti libri e svolti molti corsi; si tratta del cosiddetto "decision making". Secondo la PNL, ovvero la Programmazione Neuro-Linguistica, alla base dell'attività che induce a prendere decisioni si possono rintracciare una serie di processi, che sono tanto più veloci quanto più conosci te stesso e la tua scala di valori.

Per questo motivo in questa guida ti parlerò soprattutto dei valori, che hanno un ruolo molto rilevante nella scala dei "livelli logici" di una persona; argomento, questo, che approfondiremo nei capitoli successivi. Come ti dicevo, se la decisione da prendere rientra nella tua missione, nella tua direzione, e fa parte dei tuoi valori, sarà molto facile e veloce aderirvi, pur se si tratta di una decisione particolarmente importante e quindi difficile da prendere; così come sarà facile e veloce scartarla se, al contrario, non corrisponderà al tuo obiettivo.

Più avanti ti parlerò in modo approfondito anche della capacità di scelta, ovvero della proattività. La proattività è il saper scegliere lo stato d'animo in cui si vuole essere, il saper rispondere agli stimoli esterni che ci arrivano. Essere proattivi significa, ad esempio, non arrabbiarsi automaticamente se una persona ci tratta male, ma essere in grado di scegliere come reagire. Questo non vuol dire essere falsi e assumere sempre un atteggiamento distaccato nei confronti di qualsiasi situazione, ma inserire tra lo stimolo e la risposta la possibilità di una scelta. Infatti il rispondere automaticamente a uno stimolo è una caratteristica comune sia agli uomini che agli animali, come hanno dimostrato dagli studi condotti da Ivan Pavlov sui cani, tuttavia la capacità di scelta ci contraddistingue come esseri umani. Come tali possiamo dunque decidere di non rispondere alla sollecitazione dello stimolo, ma riflettere e fare la scelta più giusta.

Proattivo, infatti, è il contrario di **reattivo,** aggettivo che indica la reazione immediata e automatica a uno stimolo. Essere reattivi significa abituarsi a rispondere sempre in un certo modo ad ogni evento, ad ogni provocazione, quasi come se si fosse programmati al computer: se inserisci un certo dato ottieni una certa risposta, è matematico. Come accennavo, gli esperimenti di Pavlov sui cani hanno portato proprio a questa scoperta; egli, infatti, aveva notato che associando il suono di una campanella alla somministrazione di cibo veniva sollecitato in essi il senso di fame, indipendentemente dalla vista del pasto. Questo meccanismo di stimolo/risposta venne definito "condizionamento classico", e corrisponde alla reattività umana. Al contrario, *essere proattivi* vuol dire decidere sempre la propria risposta, cioè non lasciarsi andare, non reagire a caso né in base alle condizioni esterne, ma scegliere. Queste considerazioni sono tanto più valide quanto più sono difficili le scelte da adottare; ed è tanto più facile scegliere, quanto più si conoscono i propri valori.

SEGRETO n. 2: la reattività, che indica la risposta immediata a uno stimolo, è comune alle persone e agli animali; ciò che differenzia le persone è la proattività, ossia la capacità di inserire una decisione tra lo stimolo e la risposta.

Valori e proattività interagiscono, cioè sono complementari: l'uno richiede l'altro. Quindi, se conosci i tuoi valori, puoi essere proattivo, ed essendo proattivo le tue scelte saranno sempre in linea con i tuoi valori: sarai congruente. Sicuramente ti è capitato di conoscere persone che non sanno in alcun modo decidere, e magari chiedono il tuo aiuto anche per scegliere un semplice paio di pantaloni: «Che ne pensi, questo modello fa per me? O forse è meglio che scelga quest'altro?» Ciò non significa che non abbiano personalità, ma che hanno bisogno di un riferimento esterno anche per le decisioni meno importanti.

Anthony Robbins – che è un trainer motivazionale molto famoso, uno dei più grandi formatori –, che ha contribuito a diffondere la PNL a livello mondiale, afferma che le decisioni dipendono fondamentalmente da due fattori, o, per meglio dire, dalle due "leve emotive" per eccellenza: il piacere e il dolore. Secondo lui, infatti, ognuno di noi prende decisioni, dalle più semplici alle più difficili, per raggiungere il piacere o per scappare dal dolore; ci sono persone che preferiscono andare "verso" il piacere e altre che sono più motivate dall'andare "via dal" dolore.

In PNL questo concetto viene espresso con i **metaprogrammi**, che rappresentano esattamente questo modo di vedere ogni decisione dualmente, ovvero come basata sul "verso" e sul "via da". I due semplici schemi sottostanti saranno utili a renderti più chiaro il meccanismo.

METAPROGRAMMA "VERSO-VIA DA"	
VERSO	Sei un tipo tendenzialmente *"verso"* se ti motiva l'idea di andare *verso* qualcosa; ad esempio, il raggiungere uno o più obiettivi.
VIA DA	Sei un tipo tendenzialmente "via da" se a motivarti è l'idea di allontanarti, quindi di andar via da qualcosa di sgradevole; magari una situazione che vivi e che non ti piace più.

Ci sono persone in cui prevale il "via da" e persone in cui prevale il "verso", ma in ognuno di noi sono presenti ambedue le componenti; per meglio dire, in ogni persona prevale l'uno piuttosto che l'altro metaprogramma a seconda dei contesti in cui si trova e della situazione emotiva del momento. L'idea che esistano persone che si motivano unicamente con il metaprogramma "via da" piuttosto che con il "verso" o viceversa non è reale, e non è che una generalizzazione; tuttavia può aiutarci a capire molte reazioni umane e viene usata moltissimo in pubblicità. Quante volte ti è capitato di sentir dire: «Se vuoi vederti più bella utilizza il nostro prodotto, in questo modo eviterai di deprimerti perché il tuo aspetto non è curato», oppure: «Usa l'anticalcare per evitare che la tua lavatrice si danneggi e per farla vivere a lungo». Sono due sistemi per mandare lo stesso messaggio attraverso le due diverse modalità del "via da" e del "verso", in modo da coinvolgere più potenziali acquirenti possibile.

Questo principio vale nella vendita come nella motivazione. C'è chi è più motivato dall'andare verso il piacere e chi dall'andare via dal dolore. Ad esempio: «Voglio fare il formatore per aiutare le persone» è un obiettivo espresso in positivo, ben formulato; ma c'è anche chi dirà: «Voglio fare il formatore perché non voglio più soffrire, voglio imparare queste tecniche di miglioramento per non sentirmi più a disagio, per non essere più timido.» Molto spesso le persone che si rivolgono a me in qualità di coach esprimono degli obiettivi basati esclusivamente sull'andare "via da". Mi dicono: «Non voglio più fare questo lavoro»; questo, pur non essendo un obiettivo ben formulato, dà comunque un'informazione in più, ovvero che quella persona è motivata dall'andare via dal dolore.

SEGRETO n. 3: i metaprogrammi rappresentano un modo di vedere ogni decisione in maniera "duale", ossia basata sull'andare "verso" il piacere o "via dal" dolore.

Ricapitolando quanto detto fin qui: se hai chiari i tuoi valori, se scegli come rispondere alle situazioni e ti abitui a farlo, non potrai che migliorare, riuscendo a prendere velocemente ed efficacemente anche le decisioni più difficili. Robbins dice: «Le decisioni sono come un muscolo che va allenato; più ti abitui a prendere decisioni, anche e soprattutto le più piccole, quelle quotidiane, più sarai pronto per quelle più importanti». Se non decidi mai autonomamente e sei abituato a chiedere conferma su tutto, ti comporterai di conseguenza anche nelle situazioni più difficili; se invece ti abituerai a prendere anche le piccole decisioni quotidiane senza appoggiarti ad altri, prima o poi potresti essere tu il leader cui ispirarsi.

La leadership si vede anche in queste cose: non solo nel saper prendere le decisioni giuste, ma nel saperle prendere in assoluto. Se sono giuste o meno lo si vedrà con il tempo; ma se ti abituerai a prenderle comunque comunicherai sicurezza e ti abituerai a prendere anche decisioni più importanti velocemente, e con ottimi esiti.

SEGRETO n. 4: se ti abituerai a prendere anche le piccole decisioni quotidiane senza appoggiarti ad altri, diverrà per te normale prendere autonomamente anche le decisioni più difficili.

In realtà tutto quello che fai ogni giorno, dal lavoro che svolgi, ai luoghi che frequenti, alle persone con le quali entri in contatto, dipende da decisioni prese in passato; per esempio, l'aver scelto un certo tipo di lavoro fa sì che oggi tu sia costretto a restare tutto il giorno davanti a un computer ad annoiarti.

Può essere che tutta la tua vita attuale, quello che in concreto fai tutti i giorni, sia la conseguenza di una decisione che a sua volta può derivare da quanto sei stato reattivo o proattivo; quindi, per quanto i valori possano essere un concetto astratto, la loro conseguenza è molto pratica, come del resto lo è qualunque cosa in Programmazione Neuro-Linguistica.

In questa guida, quindi, ti proporrò molti esercizi che potrai mettere in pratica su casi concreti della tua vita, per poter utilizzare al meglio tutte le informazioni che ti fornirò. Il primo esercizio riguarda la tua giornata, il tuo quotidiano; si tratta della **ruota del tempo**, che vedi rappresentata nella figura sottostante. Essa è divisa in settori ovvero aree che contraddistinguono le ore della giornata di ogni individuo; ciascuna area sarà più o meno ampia a seconda di come vivi la tua giornata, di quanto spazio dedichi al lavoro, al riposo, al divertimento, alla famiglia.

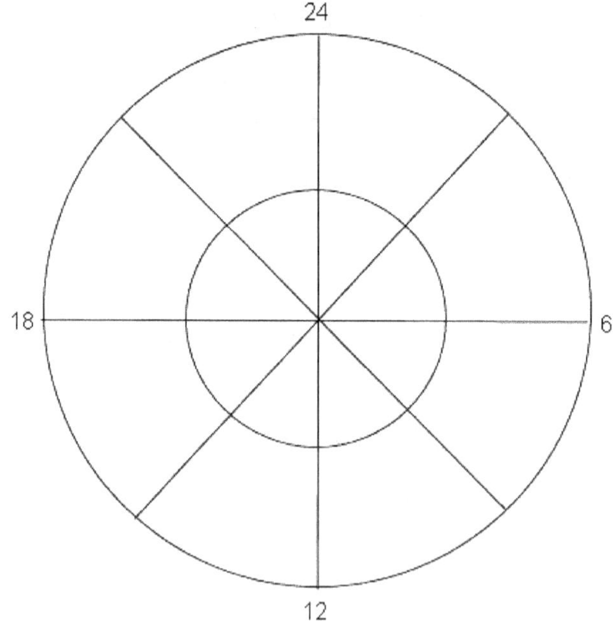

Forse sei già consapevole di come è strutturata la tua "giornata tipo" e di quali caratteristiche debba avere quella che, invece, consideri la tua "giornata ideale"; quello che non sai è che probabilmente questa ruota non corrisponde ai tuoi valori.

Ti faccio un esempio: un padre di famiglia lavora tutto il giorno e, ovviamente, alla fine della giornata è molto stanco. Lo fa per tutti i valori in cui crede, ad esempio garantire una serenità economica alla famiglia; ma se questo valore lo ha portato a una giornata piena di lavoro, completamente stancante e distruttiva, vuol dire che c'è un problema. Sì, perché di fatto la ricerca della serenità lo ha portato alla sofferenza, e quindi non c'è congruenza, non c'è allineamento tra i suoi comportamenti quotidiani e il suo nucleo, i suoi valori. Attenzione perciò a non scambiare l'obiettivo con i valori.

In teoria, quindi, la tua giornata tipo dovrebbe rispecchiare la tua scala di valori. L'esercizio che ti propongo serve proprio a renderti consapevole di quello che fai durante l'intera giornata e a confrontarlo con ciò che, in realtà, vorresti fare. Prendiamo ad esempio la ruota di una persona che va a letto attorno alle 23 e dorme otto ore, che è quello che i medici di solito consigliano; poi fa colazione con calma dopo aver fatto la doccia, prendendosi un po' di relax prima di andare al lavoro, e va in ufficio, dove resta fino alle 18. Poi torna a casa contento di rivedere la sua famiglia e passa la serata leggendo un bel libro. Questo non è che un esempio della "giornata tipo" comune alla stragrande maggioranza delle persone; utilizzala come traccia per riempire la tua "ruota del tempo". In ognuno di questi settori dovrai scrivere non tanto le attività che svolgi, quanto, piuttosto, le emozioni che esse ti procurano.

Personalmente, quando lavoravo come trainer in aula, non avevo una giornata tipo, perché consideravo come lavoro principale la formazione, che svolgevo principalmente nei fine-settimana e sporadicamente nei giorni feriali, quando lavoravo in azienda; in casi come il mio si cerca di fare una media. Cerca di descrivere soprattutto le sensazioni che vivi, più che le azioni che compi. Chiediti, ad esempio, se la mattina riesci a vivere in modo rilassato il tempo che hai a disposizione prima di andare a lavorare, facendo la doccia e poi la colazione con calma, o se, al contrario, ti sembra di non avere mai abbastanza tempo e bevi un caffè al volo. Così per il resto della giornata: descrivi cosa provi quando sei sul posto di lavoro, come vivi l'idea di tornare a casa alla fine della giornata, se sei felice di rivedere la tua famiglia o, al contrario, angosciato da questa prospettiva; non vedi l'ora di incontrare i tuoi amici o di rimanere in casa a vederti un bel film in tranquillità. Concentrati sulle emozioni che provi perché poi andranno confrontate con i valori che per te sono importanti.

Questo esercizio è fondamentale, perché ti rende consapevole dei tuoi comportamenti, i quali rappresentano una sfera quasi esterna rispetto alla tua identità, alle tue convinzioni, al nucleo dei tuoi valori, ma sono di fatto il modo in cui tu agisci in ogni ambito della tua vita. Puoi credere in valori bellissimi, ma se poi tutta la tua giornata trascorre davanti a un computer e sei stressato, quando, arrivato agli ottant'anni, ti guarderai indietro, vedrai solo lavoro e computer. Devi quindi cercare di adattare i tuoi comportamenti ai tuoi valori, ed è per questo che è fondamentale essere consapevoli di quali essi siano. All'interno della ruota, infatti, troverai rappresentate le più importanti decisioni prese nel corso della tua vita, perché probabilmente il lavoro che fai, il corso di studi che hai scelto, l'avere o non avere un partner sono frutto di una serie di decisioni.

Il mio lavoro, ad esempio, pur essendo impegnativo mi dà tantissimo dal punto di vista emozionale, perché va esattamente nella direzione della mia missione, ossia il poter trasmettere agli altri concetti per me importantissimi: rispecchia i miei valori. Spesso il lavoro viene scelto in base ai valori, ma può capitare di perderli di vista dopo qualche anno. Per esempio, una volta si è rivolto a me un avvocato che aveva scelto la sua professione perché amava il contatto con le persone, che realizzava nel suo studio e nell'aula del tribunale; il lavoro che svolgeva rispecchiava quindi i suoi valori, e la passione con cui lo svolgeva lo aveva fatto andare molto avanti. Era arrivato a dirigere un suo studio di avvocati, aveva smesso di andare in tribunale e aveva preso a occuparsi quasi esclusivamente dell'aspetto burocratico e imprenditoriale. In questo modo però aveva perso completamente il contatto con i clienti poiché non seguiva più personalmente i casi.

In sostanza aveva ottenuto, sì, notevoli gratificazioni economiche e un'ottima realizzazione professionale, ma aveva perso di vista i suoi valori iniziali: aiutare gli altri e vivere un rapporto personale con i clienti che si rivolgevano a lui. Quello che ho consigliato a questa persona, e che invito anche te a fare, è stato di fermarsi e rimettere mano ai propri valori per verificare se fossero cambiati o se fosse mutato l'ordine di importanza che essi in origine avevano. Solo successivamente avrebbe potuto decidere la direzione da prendere: nel suo caso decidere se rinunciare ai suoi valori o scegliere di salvaguardarli, guadagnando meno ma sentendosi realizzato come persona.

Mi diede ascolto e, una volta controllato l'ordine dei suoi valori, capì ciò che per lui era effettivamente importante. Tornò a occuparsi personalmente di una parte delle cause del suo studio, le più importanti, quelle cui teneva di più; tornò ad essere coerente con i suoi valori e soddisfatto del suo lavoro. Se conduciamo una vita che non corrisponde ai nostri valori il tempo trascorso sarà tempo perso.

A questo proposito ho ricevuto un simpatico aneddoto via email.

«*Se, un giorno, una banca ti accreditasse 86.400 euro e ti dicesse: "Devi spenderli entro questa sera, in caso contrario li perderai", cosa faresti? Ti recheresti in banca, ritireresti i soldi e andresti a spenderli comprando tutto ciò che ti piace, ciò che corrisponde ai tuoi valori, alle tue motivazioni; non vorresti che andasse sprecato nulla. In realtà tutti noi abbiamo questo credito, non di denaro ma di secondi. Tutti i giorni abbiamo 86.400 secondi da spendere, e se non li useremo, li avremo persi.*»

Quindi, cerca di usarli bene, di non decidere in modo reattivo ma proattivo, di non farti travolgere dalle situazioni senza domandarti se stai agendo in modo congruente con i tuoi valori. Prima di fare una cosa, chiediti sempre se ne vale la pena, se è quello che veramente vuoi, sia di fronte alle situazioni più semplici che alle più difficili. Se avrai chiari i tuoi valori e ricorderai di "scegliere" ogni volta che ti succede qualcosa, tutto sarà più facile. Per questo la prima cosa che faccio fare a quelli tra i miei clienti che non sono soddisfatti della loro vita, del loro lavoro, è confrontare i loro obiettivi con la loro scala dei valori.

SEGRETO n. 5: grazie alla strategia della ruota del tempo, potrai divenire consapevole dei tuoi valori e capirai se le decisioni prese nel corso della tua vita sono state ad essi congruenti.

Adesso, prenditi cinque minuti per fare questo esercizio; disegna la ruota, dividila in settori e, seguendo le indicazioni che ti ho dato, componi la tua giornata tipo.

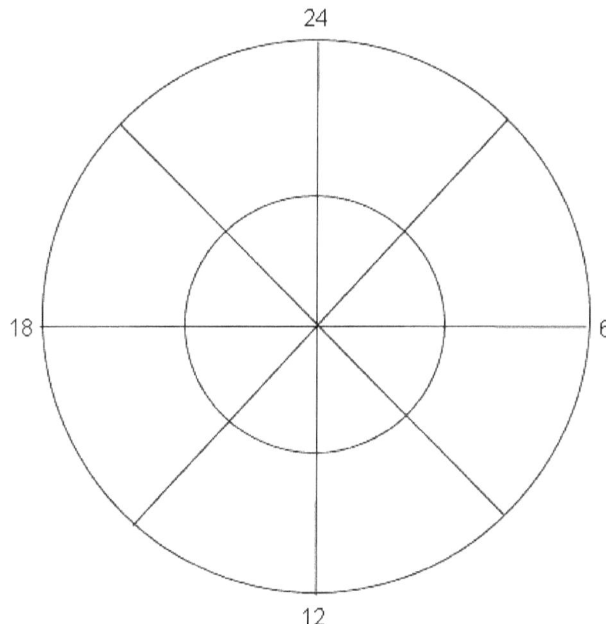

Quando faccio fare questo esercizio, nei miei corsi, c'è sempre qualcuno che rimane colpito nel verificare quanta parte della propria giornata sia occupata dal lavoro; tu probabilmente avrai già notato a quali ambiti dai più spazio e a quali meno.

Prima di analizzare nel dettaglio la tua ruota è però necessario capire quali siano i tuoi valori e in che ordine di importanza tu li metta. Solo allora potrai confrontare la tua ruota del tempo con la tua scala dei valori, e verificare quanto sia possibile migliorarla rispetto alla situazione attuale.

RIEPILOGO DEL GIORNO 1:

• SEGRETO n. 1: ciò che contraddistingue i veri leader è la capacità di prendere anche le decisioni più difficili velocemente e, di norma, senza ripensamenti.

• SEGRETO n. 2: la reattività, che indica la risposta immediata a uno stimolo, è comune alle persone e agli animali; ciò che è proprio delle persone è la proattività, la capacità di inserire una decisione tra lo stimolo e la risposta.

• SEGRETO n. 3: i Metaprogrammi rappresentano un modo di vedere ogni decisione in maniera "duale", ossia basata sull'andare "verso" il piacere o "via dal" dolore.

• SEGRETO n. 4: se ti abituerai a prendere anche le piccole decisioni quotidiane senza appoggiarti ad altri, diverrà per te normale prendere autonomamente anche le decisioni più difficili.

• SEGRETO n. 5: grazie alla strategia della ruota del tempo, potrai divenire consapevole dei tuoi valori e capirai se le decisioni prese nel corso della tua vita sono state ad essi congruenti.

GIORNO 2::

Decidere in base ai tuoi valori

Il sistema di valori è ciò che *segna* la nostra esistenza. È necessario verificare i nostri valori per capire quali siano e in che ordine li mettiamo: serenità, sicurezza, felicità e amore sono possibili valori, come la qualità può esserlo in ambito aziendale e, volendo, nella propria vita personale. Non bisogna però confondere i valori veri e propri, ovvero i **valori/fine**, con i con i **valori/mezzo**, i "valori/strumento". I valori/fine sono sensazioni che proviamo, come la felicità e l'amore; i valori/mezzo, al contrario, non sono valori nel senso proprio del termine.

Il denaro, ad esempio, non è un valore/fine, ma un valore/mezzo, perché può essere un mezzo attraverso il quale raggiungere uno stato d'animo di serenità, di felicità, di gioia. Poter decidere che lavoro fare, non essere dipendente da nessuno, permettersi una vacanza con i figli, sono cose che possono dipendere dal denaro, che può quindi essere uno strumento per raggiungere una serie di valori.

SEGRETO n. 6: fai attenzione a non confondere i valori/fine, ovvero i valori in senso proprio, con i valori/mezzo, che sono strumenti per raggiungere dei valori fine; ciò potrebbe guidare in senso errato le tue decisioni.

Prima di proporti un esercizio finalizzato a un'autoanalisi dei tuoi valori, voglio chiarire il concetto di valore in senso proprio. I valori, infatti, non sono solo qualcosa di personale ma possono essere anche un fattore culturale. Per esempio in Cina viene attribuito un valore altissimo al lavoro di gruppo rispetto a quello individuale, e questo può spiegare tante cose; ad esempio il successo economico del Paese e un certo modo di pensare ben diverso da quello occidentale. Questo significa che i valori possono influenzare in modo decisivo il comportamento non solo dei singoli ma di un'intera nazione.

Ancora, l'evento della morte viene visto in maniera del tutto diversa a seconda delle culture. Nel mondo occidentale è una circostanza tragica: si ricorda il defunto celebrando un funerale, si è afflitti e si piange. In un simile contesto una persona allegra verrebbe considerata insensibile; al contrario, ci sono Paesi nei quali la morte è vissuta con gioia, come fosse una festa e con tale stato d'animo viene celebrata. Robbins, sempre ricco di aneddoti, ha raccontato di aver partecipato, durante un giro turistico, a una "festa di morte". Quando ha obiettato: «Come mai tanta allegria, non siamo a un funerale?» si è sentito rispondere: «Sì; qui tutti ridono e sono contenti, perché culturalmente la morte viene vista come liberazione dell'anima dal corpo che la opprimeva; ora può finalmente raggiungere la vita ultraterrena!» In un contesto del genere una persona triste verrebbe considerata egoista e verrebbe rimproverata; le verrebbe detto: «Ecco, vedi, tu piangi perché pensi a quanto ti mancherà la persona a te cara, anziché gioire per lei che ha raggiunto la libertà.»

SEGRETO n. 7: i valori possono non essere solo qualcosa di personale, ma anche un fattore culturale dal quale siamo condizionati.

Quindi sono i nostri valori che ci portano alle decisioni, alle scelte quotidiane; il problema è che spesso il nostro comportamento non li rispecchia e il ciclo non si chiude. Quando, ad esempio, scegliamo un lavoro e dopo un po' ci accorgiamo che ci sta stancando, esaurendo, continuare a svolgerlo non sarebbe "ecologico", come diciamo in PNL, cioè non sarebbe rispettoso della nostra persona. In quel caso dovremmo rivedere la situazione, capire ciò che vogliamo veramente e decidere in base a quello, anche se la situazione si presenta difficile; per coerenza, dovremmo trovare il coraggio di cambiare lavoro e trovarne uno a noi più confacente.

Dobbiamo fare in modo di vivere realmente i nostri valori nella vita quotidiana; non solo per prendere decisioni, semplici o difficili che siano, ma per vivere i nostri stessi comportamenti. Non basta rendersi consapevoli di quali essi siano, bisogna riuscire a viverli tutti i giorni. Se, ad esempio, decido che la qualità è un valore importante per la mia azienda, le conseguenze dovranno essere apprezzabili dalle brochure che stampo ai diplomi che rilascio alla fine dei corsi, dai libri che scrivo ai videocorsi che registro, e così via. Bisogna mettere in pratica i propri valori, e in questo l'allineamento dei livelli è fondamentale. Bisogna agire in modo congruente e far sì che i propri comportamenti siano la realizzazione concreta delle proprie convinzioni.

Se i tuoi comportamenti sono incongruenti con i valori che scegli, vuol dire che in realtà quei valori non li senti veramente tuoi. Io spero che la lettura di questa guida possa aiutarti a divenire consapevole della tua scala dei valori, e anche a viverla nel quotidiano da subito; se il tuo valore è l'amicizia potresti cominciare telefonando ai tuoi amici e proponendo una bella cena insieme!

Ognuno di noi deve vivere i propri valori, altrimenti è come se non ci fossero; in teoria possono essere davvero nobili, ma se i comportamenti esprimono altro, le persone ci conosceranno come altro rispetto a ciò che, in realtà, sentiamo di essere; anzi, noteranno la nostra incongruenza e ci etichetteranno come persone false. Diranno: «Quella persona è falsa, perché non vive a pieno i suoi valori e quello che dice non corrisponde a quello che fa.»

Se vuoi essere in grado di prendere senza problemi anche le decisioni più difficili, la prima cosa da fare, nonché la più importante, è vivere i tuoi valori; in questo modo prenderai delle decisioni congruenti e le porterai avanti, cominciando da quelle apparentemente meno impegnative, quelle quotidiane. Perché è sin troppo facile decidere mettendosi a tavolino e analizzando i propri valori. Se nel prendere decisioni non rispetterai i tuoi valori, non ti muoverai nella direzione giusta, non sarai un buon comunicatore né un buon leader, e le persone ti conosceranno per quello che non sei e non per quello che vorresti essere.

Nella cultura aziendale avviene la stessa cosa; tempo fa mi è stato chiesto, da un capo d'azienda, di verificare che i suoi dipendenti avessero chiari i valori aziendali; ne è emerso che erano chiarissimi solo ai manager, mentre il personale non aveva la più pallida idea di quali fossero. Sì, perché erano scritti in un manuale ma non erano vissuti dai dirigenti che, pensando che le piccole decisioni quotidiane fossero poco importanti, trasmettevano l'idea che ognuno potesse comportarsi come voleva. Invece sono proprio le piccole decisioni a creare la cultura aziendale e a rafforzare ogni piccolo nucleo, anche quello di una famiglia.

SEGRETO n. 8: se vuoi essere in grado di prendere senza problemi anche le decisioni più difficili, devi vivere i tuoi

valori anche nelle decisioni quotidiane; in questo modo prenderai decisioni congruenti e le porterai avanti.

Ora che ti ho spiegato in che cosa consistono i valori, puoi dedicare qualche minuto all'esercizio:; prendi un foglio di carta e scrivi di getto, senza un ordine preciso, le cose che per te sono importanti. In seguito ti spiegherò come creare una scala di valori; per ora, come ti dicevo poco fa, fai solo attenzione che siano valori/fine e non valori/mezzo, sensazioni e non strumenti. Il denaro è uno strumento, i valori veri sono sensazioni, stati d'animo concreti. La famiglia, per esempio, non è una sensazione, anche se spesso viene scelta come valore; il valore sotteso alla famiglia può essere "amore" o "condivisione". Più ti atterrai alle sensazioni, più avrai la certezza che si tratta di un valore finale vero e proprio.

Ora che hai scritto tutti i valori più importanti per te, dovrai imparare come dar loro un ordine. Infatti è in base all'ordine di importanza che si prendono le decisioni; ti capiterà molte volte nella vita di dover decidere quale valore per te sia più importante. Moltissime persone si sono rivolte a me in qualità di coach proprio per riuscire a prendere al meglio le loro decisioni e a raggiungere i loro obiettivi. Per farlo è necessario compiere dei passi fondamentali, in quanto una decisione difficile da prendere, perché riferita a questioni importanti, porta conseguenze che influiscono su tutti gli aspetti della vita di una persona.

Mi è capitato di lavorare con una coppia che doveva decidere se cambiare casa o meno. Avevano a disposizione un appartamento che avevano ereditato, molto grande ma non bellissimo, essendo un primo piano non particolarmente luminoso. La loro idea era di vendere quella casa per poter comprare un attico più o meno delle stesse dimensioni, perché comunque avevano bisogno di una casa spaziosa; tuttavia per farlo avrebbero dovuto aggiungere dei soldi a quelli ricavati dalla vendita.

Dopo tre o quattro mesi, non avendo ancora ricevuto offerte compatibili con la cifra richiesta, erano stati costretti ad abbassare il prezzo, per cui cominciarono a dubitare che quella di vendere la casa fosse la decisione giusta. Riuscire a pagare l'attico che pensavano di comprare sarebbe divenuto ancora più gravoso; in più desideravano dei figli e quindi, in prospettiva, avrebbero avuto ulteriori spese. Insomma, la situazione era veramente delicata, in quanto c'erano in ballo tantissimi valori.

La casa era lo strumento tramite cui raggiungere la sicurezza e la serenità; ciò che attirava entrambi era la possibilità di avere un appartamento di proprietà, bello, luminoso e possibilmente definitivo, perché quando si ha famiglia un trasloco diventa anche più impegnativo. Ma dall'altro lato c'erano i debiti, il dover fare un mutuo per coprire la differenza di valore delle case e in più il desiderio di avere dei figli, che rientra nei valori di amore e condivisione legati alla famiglia. Insomma, molti valori in ballo. Da coach non do consigli, ma cerco di far ragionare le persone, di aiutarle a prendere da sole le proprie decisioni. Quello che feci anche con loro fu, quindi, di lavorare sui valori.

Cominciai dicendo: «Bene, ditemi cosa è più importante per voi. Metteremo in ordine tutti i vostri valori e deciderete in base a questo.» Al primo posto misero la serenità, l'amore e la condivisione; al secondo posto la tranquillità economica e così via. Fatto sta che in base a questa scala di valori, decisero di tenere la casa che avevano ereditato, per raggiungere in tempi brevi la tranquillità economica e poter avere una vita serena, piuttosto che acquistare la casa dei sogni ed essere schiacciati dai debiti. Fu una vera e propria battaglia tra i valori. Magari un domani potranno permettersi una casa più bella, ma la decisione più giusta, quella che loro hanno preso, è stata seguire i propri valori e il proprio cuore, e quindi sicuramente non hanno sbagliato. Spesso, infatti, vogliamo prendere le decisioni con razionalità; ma non è facile, perché esse sono molto legate alle emozioni. Anche un singolo acquisto si basa sull'emozione, sulle immagini che visualizziamo interiormente, magari di noi stessi con quel vestito addosso.

Mi è capitato di fare formazione in un'azienda di Roma. Erano state acquistate otto giornate, ne ho fatte un paio, non mi sono trovato bene e io ho dovuto decidere tra un valore/strumento, come il denaro, e la qualità del mio lavoro, la mia serenità, la mia passione. Nonostante quelle giornate fossero state già pagate ho preferito restituire i soldi e seguire comunque i miei valori. Perché fare il mio lavoro, che amo e che svolgo con passione, a beneficio di persone che secondo me non lo apprezzavano, non valeva la pena; e sono assolutamente contento e fiero della decisione presa.

Seguire i nostri valori è fondamentale, e poiché le decisioni che prendiamo, dalle più semplici alle più difficili, si basano sul peso che i valori hanno, è necessario dare loro un ordine ben definito. Ecco perché ti riporto la trascrizione di un esercizio finalizzato a questo, svolto durante uno dei miei corsi.

****

GIACOMO: Per dimostrare questo esercizio ho bisogno di una persona che abbia già scritto un elenco di valori. Faremo un lavoro piuttosto veloce per metterli in ordine attraverso delle semplici domande. Chi vuole venire? Tu, Tiziano? Bene; porta con te la tua lista. Ora, se non hai problemi a farlo, puoi elencare i tuoi valori a voce alta, in modo che tutti sentano.

TIZIANO: Sì, posso dirli. I miei valori sono i seguenti: serenità, sicurezza, felicità, amore, amicizia, libertà, fatalità, autostima, altruismo, comprensione, rispetto, salute, famiglia, competenza, qualità, spontaneità, benessere e vitalità.

GIACOMO: Come avente sentito, si tratta di stati d'animo, di sensazioni che vive. Ora, non sappiamo quale sia il significato che

Tiziano attribuisce a queste parole perché sono termini astratti, ciò che, in PNL, definiamo come "nominalizzazioni". Faccio un esempio per rendere più chiaro il concetto: quando Tiziano dice che uno dei suoi valori è la "fatalità", lui ha in mente un'idea ben precisa di ciò che per lui è la "fatalità"; ma, appunto, è la "sua" idea, io ho la mia idea di cosa sia la fatalità, voi avete la vostra, quindi ognuno ha la sua. Molto probabilmente ciò che lui intende per "fatalità" è differente da ciò che intendo io, e ciò vale anche per gli altri valori che ha espresso. Per questo motivo vanno benissimo i termini scelti da Tiziano, così come quelli che ognuno di voi avrà scelto per compilare la sua lista. Tiziano, pensando alla tua lista, ritieni ci siano alcuni valori più importanti di altri? Se sì, prova a dirmeli.

TIZIANO: Va bene. Direi: sicurezza, serenità, felicità, amore, amicizia, famiglia e rispetto… in realtà sarebbero tutti importanti, forse tra tutti prevale la libertà. Sì, ma non solo…

GIACOMO: Bene, ho capito. Credo di esprimere ciò che avevi in mente dicendo che, in realtà, sono tutti importanti per te, altrimenti non li avresti inseriti fra i tuoi valori, ti pare? Però, se ci pensi, ti accorgi che tra questi ce n'è uno che consideri il più importante di tutti, e un altro che, secondo te, è più importante di tutti gli altri tranne che del primo, e così via. È così che crei una "scala", che dai un certo ordine ai tuoi valori. Dunque, mi hai detto: sicurezza, serenità, felicità, amore, amicizia, famiglia rispetto e libertà. Tra questi valori, a quale non rinunceresti per nulla al mondo? Esprimiti senza problemi, anche perché più tardi faremo delle verifiche.

TIZIANO: Intanto vorrei aggiungere anche il valore "salute" a quelli enumerati prima.

GIACOMO: È molto importante stare bene.

TIZIANO: Sì, e forse è proprio la salute che metterei al primo posto.

GIACOMO: Dunque sceglieresti la salute perché, a ben vedere, se non stai bene, pur se sei innamorato e hai tanti amici attorno a te, non potresti essere completamente felice.

TIZIANO: Certo, non potrei.

GIACOMO: Né potresti goderti nulla.

TIZIANO: Sì, perché, ad esempio, pur essendo innamorato, non mi potrei concentrare sull'innamoramento stesso e sulla persona oggetto del mio amore, sarei distratto da altri pensieri.

GIACOMO: Vuoi dirmi che, nel caso stessi male, il primo pensiero per te sarebbe quello di dedicarti al recupero della tua salute. Bene, ciò che dici è congruente con il fatto che consideri come tuo primo valore quello della salute e che, se non l'avessi, non potresti gustare pienamente alcun aspetto della tua vita; dunque scrivi, come primo valore: "salute".

TIZIANO: Come secondo valore direi: "libertà".

GIACOMO: Bene, vediamo se sei congruente in questo. Poniamo che incontri una persona e che te ne innamori; tuttavia, dopo qualche tempo, ti rendi conto che è gelosa e possessiva nei tuoi riguardi, tanto che ti impedisce di uscire con i tuoi amici. In una situazione del genere, a cosa sei disposto a rinunciare? Alla libertà o all'amore?

TIZIANO: È una domanda interessante, tanto più che mi trovo davvero nella condizione di fare una scelta di questo tipo!

GIACOMO: Bene, facciamo coaching in diretta!

TIZIANO: Penso che, a lungo andare, rinuncerei all'amore. O, per meglio dire, a un tipo d'amore soffocante come questo; anche perché andrebbe in conflitto con altri miei valori.

GIACOMO: Ecco, avete capito come procedere svolgendo l'esercizio? L'idea è quella di mettere a confronto due valori presenti in lista, in questo caso libertà e amore e, facendo immedesimare la persona in situazioni pratiche, verificare quale prevarrebbe in caso di conflitto tra i due. Infatti ho chiesto a Tiziano: «Se, avendo sia l'amore che la libertà, dovessi rinunciare a uno dei due, quale sacrificheresti?», oppure, più esplicitamente: «Se avessi una ragazza che limita la tua libertà, sceglieresti di restare con lei o preferiresti tornare libero?» Tiziano, tu mi hai risposto che, in questo momento particolare, preferiresti sacrificare il tuo rapporto d'amore per recuperare la tua libertà. Ma saresti altrettanto sicuro di questa scelta se non vivessi in casa con la tua famiglia e non avessi il conforto e il sostegno dei tuoi cari?

TIZIANO: Penso di sì; infatti, grazie all'educazione che ho ricevuto, ho imparato a star bene anche da solo, a sentirmi sicuro anche in assenza di un partner; mi è già successo di essere single per un periodo. Dunque, ti potrei dire che il mio terzo valore più importante è la sicurezza, dalla quale, a mio parere, derivano anche la serenità e la felicità.

GIACOMO: Quindi, se ho inteso ciò che vuoi dire, per te il valore della sicurezza è il presupposto per essere sereno e felice.

TIZIANO: Sì: nel momento in cui mi sento sicuro so di poter essere anche più sereno e felice.

GIACOMO: Bene, ci fermiamo qui, non è necessario arrivare sino a fine lista. L'esercizio svolto con Tiziano è stato utile per fornirvi un esempio. Potete fare questo lavoro da soli o in coppia con un amico; in questo caso, una volta compilate le rispettive liste, vi porrete le domande a turno. Quindi chiederete all'altro: «Ci sono alcuni valori più importanti di altri nella tua lista?», può darsi che vi risponda subito o che manifesti dei dubbi, e in questo secondo caso fate degli esempi concreti; tornando all'esempio di Tiziano: «Se in un certo momento della tua vita dovessi scegliere tra il valore dell'amore e quello della libertà, quale sacrificheresti?», oppure: «Tra i due, qual è per te il più importante?» Ciò che dovete fare è mettere sui due piatti di un'immaginaria bilancia i valori tra i quali la persona è indecisa, e far sì che valuti quale tra i due per lei "pesa" di più. È molto semplice. Bene, grazie Tiziano. Facciamogli un applauso!

****

Ti chiedo ora di fare questo stesso esercizio, cioè di analizzare i tuoi valori; attraverso semplici domande puoi capire quali sono i valori più importanti per te. Cerca di individuare una scala dei primi dieci valori, perché sarà in base ad essi che prenderai le tue decisioni.

***

Ti sarai reso conto che non è facilissimo farlo, almeno la prima volta, ma è fondamentale per poter poi prendere decisioni in modo congruente. Giusto per farti un esempio, Tiziano, il ragazzo della dimostrazione, mi chiamò tre giorni dopo quel corso e mi disse che aveva effettivamente lasciato la sua ragazza con una decisione veloce, consapevole e serena. Questo è il risultato della chiarezza di valori.

Vale anche per le aziende. Quando la Mercedes produsse le vetture della "Classe A", si dispose a eseguire una serie di test per verificarne la sicurezza. Tra questi venne innanzitutto eseguito il famoso "test dell'alce", che ha lo scopo di controllare la stabilità di un'autovettura in caso di eventi imprevisti, quale, appunto, la presenza di un alce sulla strada. Purtroppo la macchina si capovolse e questo incidente ebbe una risonanza mondiale. La Mercedes si trovò allora di fronte a una scelta fondamentale, che metteva in discussione i valori più importanti dell'azienda, primo tra tutti la "qualità".

Si trattava di decidere se sminuire l'incidente, affermando che era stata una prova molto difficile e quindi lasciare in commercio le autovetture così com'erano, oppure anteporre il valore "qualità" a tutti gli altri e ritirare le autovetture già messe in commercio per studiare una soluzione. L'azienda scelse questa seconda possibilità: furono ritirate tutte le macchine in circolazione, fu modificato l'assetto, la tenuta di strada e le molle, venne inserito l'ESP, lo stabilizzatore elettronico, e solo allora le autovetture furono rimesse in commercio. Questo vuol dire che un incidente di percorso può capitare; però, se noi agiamo secondo i nostri valori, sempre e comunque, manterremo la nostra identità. In verità, a tutt'oggi la Mercedes viene considerata come fabbrica di altissima qualità; ecco cosa significa prendere decisioni in base ai propri valori.

SEGRETO n. 9: seguire i propri valori è fondamentale, e dato che le decisioni che prendiamo si basano sul peso che hanno i nostri valori, è necessario dar loro un ordine ben definito.

La propria scala di valori può anche creare qualche problema; se ad esempio una persona mette il valore "libertà" al primo posto e il valore "sicurezza" al secondo, essi si potrebbero trovare in contrasto tra loro. Come potrebbe tradursi questo conflitto nell'ambito di una relazione d'amore? La persona in questione potrebbe dire: «Voglio la famiglia per sentirmi al sicuro, ma al tempo stesso desidero avere la libertà e cercarmi un'avventura.» Ecco perché bisogna anzitutto conoscere i propri valori: è importante verificare che non ci siano conflitti, e se ve ne sono è necessario lavorarci sopra e capire esattamente cosa si vuole, quanto un valore è più importante di un altro, così da prendere una direzione che sia coerente e allineata.

SEGRETO n. 10: se ti accorgi che tra alcuni dei tuoi valori ci sono conflitti, è necessario che lavori su di essi e che capisca esattamente cosa vuoi; solo in questo modo potrai prendere una decisione coerente e allineata.

RIEPILOGO DEL GIORNO 2:

- SEGRETO n. 6: fai attenzione a non confondere i valori/fine, ovvero i valori in senso proprio, con i valori/mezzo, che sono strumenti per raggiungere dei valori fine; ciò potrebbe guidare in senso errato le tue decisioni.

- SEGRETO n. 7: i valori possono non essere solo qualcosa di personale, ma anche un fattore culturale dal quale siamo condizionati.

- SEGRETO n. 8: se vuoi essere in grado di prendere senza problemi anche le decisioni più difficili, devi vivere i tuoi valori anche nelle decisioni quotidiane; in questo modo prenderai decisioni congruenti e le porterai avanti.

- SEGRETO n. 9: seguire i propri valori è fondamentale, e dato che le decisioni che prendiamo si basano sul peso che hanno i nostri valori, è necessario dar loro un ordine ben definito.

- SEGRETO n. 10: se ti accorgi che tra alcuni dei tuoi valori ci sono conflitti, è necessario che lavori su di essi e che capisca esattamente cosa vuoi; solo in questo modo potrai prendere una decisione coerente e allineata.

GIORNO 3:

Criteri per soddisfare i valori

A proposito dei valori, come trasformarli in *segni* pratici e concreti da mettere in pratica nella nostra vita? Infatti la cosa più importante è il modo in cui essi si traducono in pratica. In PNL definiamo come **regole**, o **criteri**, le modalità con cui applichiamo i valori nella vita quotidiana. Come si traduce in pratica un valore? Per ogni singolo valore noi abbiamo delle regole mentali, non decise a tavolino, ma apprese dalla cultura, dai genitori, dagli insegnanti, dalle persone che abbiamo modellato quando eravamo bambini, dalle persone che abbiamo accanto. La maggior parte dei litigi, ad esempio, nasce da incomprensioni sulle regole, che guidano la realizzazione pratica dei propri valori.

Ad esempio: due persone lavorano insieme e per entrambe il rispetto è un valore primario. Andranno d'accordo e si rispetteranno per tutta la vita? Non per forza, perché le regole potrebbero essere diverse. Quindi, per una il rispetto potrebbe significare non essere chiamata al telefono dieci volte al giorno, o non sentirsi dire le cose in faccia perché si sentirebbe ferita; per l'altra potrebbe voler dire il contrario, ovvero sentirsi dire le cose apertamente e telefonarsi molto spesso. Quindi, stesso valore, ma diverse regole, ovvero diversa traduzione pratica. Non basta, dunque, avere stessi valori; bisogna avere anche regole simili. Il problema è che a volte non sappiamo quali siano le nostre regole, poiché non le abbiamo mai scelte, mai scritte.

SEGRETO n. 11: le modalità con cui ognuno applica i propri valori nella vita quotidiana vengono detti "regole o criteri".

Prima di proseguire il discorso, facciamo un riferimento alla possibilità di gestire i nostri stati d'animo. Una branca molto importante della PNL tratta della gestione dello stato d'animo. Ne parlo nel mio libro *Peak State*. L'idea di base, la premessa è che lo stato d'animo lo creiamo noi, decidendo se sentirci bene o male, felici o tristi, e lo facciamo attraverso immagini mentali o parole che ci diciamo, attraverso la nostra fisiologia e ciò su cui focalizziamo l'attenzione. In base a tutti questi parametri ci sentiremo bene o male e di conseguenza produrremo ormoni che contribuiranno a farci sentire in un modo piuttosto che in un altro.

Se, per esempio, ti chiedessi: «Ti piacerebbe vincere la lotteria?», oppure: «Ti sentiresti felice il giorno in cui ti dicessero che ti aumentano lo stipendio a un milione di euro?», come reagiresti? Penso con molta gioia, perché appresa questa notizia saresti tu a dare il comando al cervello di sentirsi bene. E allora, perché aspettare il milione di euro? Perché non chiedere ogni momento al nostro cervello di farci star bene? Tanto siamo noi a comandarlo; dall'esterno riceviamo solo delle informazioni, poi decidiamo noi come tradurle. Pensa come sarebbe bello avere una regola secondo la quale puoi essere felice ogni volta che vuoi. Chi te lo vieta? Nessuno, se non la cultura appresa.

SEGRETO n. 12: siamo noi stessi a comandare i nostri stati d'animo attraverso immagini mentali, parole che ci diciamo, la nostra fisiologia e ciò su cui focalizziamo l'attenzione.

Torniamo alle regole. Abbiamo detto che esse sono molto importanti se vogliamo stare bene e se aspiriamo a che i nostri valori vengano soddisfatti; solo sentendoci congruenti e in linea con i nostri valori riusciremo a prendere decisioni giuste, anche le più difficili. Ma abbiamo detto anche che le regole possono variare da persona a persona, anche tra persone che condividono gli stessi valori.

Ti faccio qualche altro esempio, a questo proposito. Una persona, tempo fa, mi ha detto che il suo valore più importante era l'amicizia. Allora le ho chiesto: «Bene, è bellissimo; ma, in pratica, come fai a sapere che una persona è tua amica? Da cosa lo capisci?» Mi rispose: «Per esempio Giuseppe è mio amico perché mi chiama tutti i giorni, ci vediamo tutte le sere, andiamo al pub, ci beviamo una birra e chiacchieriamo…». «Bene, chi non è tuo amico, allora?» chiesi io, e mi rispose: «Be', chi si fa sentire solo una volta a settimana». Aveva quindi una regola, non so se imposta o appresa, secondo la quale se una persona ti telefona tutti i giorni è un amico, altrimenti no.

Naturalmente essa può essere discutibile: quante persone ci chiamano tutti i giorni e ci sono veramente amiche? Magari quotidianamente incontriamo solo colleghi di lavoro con i quali non abbiamo alcun legame affettivo; se le regole che ci diamo sono troppo difficili da soddisfare, non saremo mai contenti e i nostri valori non saranno mai soddisfatti.

Ugualmente, ci sono molte persone di successo, ricchissime, che finiscono vittime della droga o della depressione se non peggio; e persone che non hanno nulla e sono felicissime. La colf che abbiamo avuto in famiglia per anni, ad esempio, non aveva nulla se non il suo stipendio; lavorava tutto il giorno guadagnando quanto le bastava per vivere tranquillamente, inviava i soldi alla sua famiglia nelle Filippine ed era la persona più felice del mondo, cioè sapeva gestire benissimo il suo stato. Per me era una persona di grandissimo successo, anche se era l'esatto opposto di come viene intesa culturalmente una persona di successo.

Un altro problema è costituito dall'esistenza di regole molto difficili da realizzare per attuare i valori. Ho lavorato con persone che avevano regole di difficilissima attuazione e che quindi non vedevano mai realizzato il loro valore. Facciamo un esempio per capire come ciò possa succedere. Prendi i primi tre valori della tua scala e per ognuno di loro chiediti cosa deve succedere perché tu lo senta realizzato. Ad esempio, parlando del valore "sicurezza", quando ti senti sicuro? Cosa deve succedere perché tu ti senta sicuro? La risposta potrebbe essere: «Mi sento sicuro quando ho una casa; e quando va tutto bene con il mio partner; e quando ho un sacco di soldi e il mio lavoro va bene» e così via. In questa frase ci sono troppe "e"; ti renderai conto che molte regole sono difficilissime da realizzare proprio perché ci sono troppe "e", cioè troppe condizioni da soddisfare affinché il valore sia realizzato.

Anthony Robbins dice: «Organizzate le regole del gioco per fare in modo di vincere; le regole sono arbitrarie, potete deciderle voi, non sono imposte». Renditi dunque consapevole di quali sono e cerca di cambiarle. Riprendendo l'esempio della frase con troppe condizioni, basterebbe sostituire le "e", con delle "o"; ad esempio: «Mi sento sicuro se il mio lavoro va bene, "o" se in famiglia sono felice, "o" se ho un buono stipendio». Basta quindi che una delle condizioni sia soddisfatta perché il valore sia realizzato. "E" richiede che tutte le condizioni siano soddisfatte, "o" che ne sia soddisfatta anche una sola. Dunque facciamo in modo che le nostre regole siano più semplici da realizzare; lo possiamo fare, poi dovremo solo condizionarle nel tempo. Questo vuol dire che se il nostro amico non ci chiamerà sette volte ma solo tre andrà bene ugualmente.

In generale, quindi, delle regole ben formulate devono essere espresse usando "o" e non "e", o se vogliamo "or" e non "and", gli operatori booleani usati nell'informatica.

Le regole, inoltre, devono essere espresse in positivo, come gli obiettivi. Anziché dire: «Chi non mi telefona tutti i giorni non è mio amico», dirai: «Quando gli amici mi cercano e si preoccupano per me sento che mi vogliono bene». Cerca quindi di non usare negazioni e di assumerti la tua responsabilità formulando in prima persona le tue condizioni; non dire quindi: «La regola dell'amicizia è soddisfatta quando gli altri mi chiamano tutti i giorni» ma: «Quando i miei amici non mi telefonano lo faccio io, perché questo mi fa stare bene».

Per i valori negativi, per esempio la solitudine, puoi agire al contrario, per renderli difficili da realizzare. Chiediti ad esempio: «Quando mi sento solo?» La regola potrebbe essere: «Mi sento solo se nessuno mi chiama e se non incontro nessuno e se rimango a casa»; cioè usa molte "e", poni tantissime condizioni, così che sia impossibile che tu ti senta veramente solo. In questo caso basterà che tu esca di casa: già sarai a contatto con altre persone e la condizione che ti porta a sentirti solo non sarà soddisfatta.

Adesso però voglio che tu ti concentri sui valori positivi, che sono i più importanti, quelli che devi raggiungere per poter decidere al meglio e fare anche le scelte più difficili con i migliori esiti. È più importante conoscere la direzione, ovvero i valori verso cui andare, piuttosto che quelli da cui sfuggire, come la solitudine, la tristezza e così via. Ricordati sempre che ci sono le regole e che possono essere utilizzate al contrario anche per i valori negativi.

Per quanto riguarda i valori positivi, prenditi invece la responsabilità e rendi facili le regole da soddisfare. Adesso prendi i tre valori che sono risultati più importanti nella tua scala e poniti domande di questo tipo: «Come faccio a sapere che questo valore è soddisfatto?» «Da cosa lo capisco?» «Cosa deve succedere perché questo valore sia soddisfatto?» Scrivi quello che ti viene in mente e verifica se la realtà corrisponde. Nella maggior parte dei casi, come ho constatato nei miei corsi, non è così. Spesso abbiamo regole difficili da soddisfare per i valori positivi e regole facilissime per i valori negativi. Dopo aver fatto l'esercizio ti renderai conto di come sia diverso parlare di valori e parlare di regole, perché se i primi sono astratti, le seconde sono la loro traduzione in concreto; è importante, quindi, conoscere le proprie regole, così come quelle degli altri. Per chi si occupa di vendita, capire le regole che determinano la soddisfazione di una persona riguardo a un prodotto è fondamentale: significa praticamente essere già riusciti a vendere quel prodotto.

Parlando invece del campo della formazione, mi sono reso conto, nel lavoro che ho fatto per il mio libro "Seduzione", che molte persone hanno regole di attrazione e seduzione molto diverse tra loro; ad esempio ad alcune donne piace sentirsi dire: «Ti amo», altre vogliono dimostrazioni pratiche, magari il classico mazzo di fiori o un invito a cena. Altre ancora hanno regole di tipo differente per tradurre in concreto il valore "amore" e, nel peggiore dei casi, pretendono che si attuino più condizioni contemporaneamente.

Per esempio ho lavorato con una ragazza che era convinta di attirare gli uomini meno affidabili e più egoisti della terra. In realtà non era una coincidenza, né tantomeno li attirava magicamente: il problema era che la sua regola prevedeva: «Mi sento attratta da un uomo quando mi respinge». Quindi, ovviamente, finiva con il frequentare solo uomini di quel tipo e disdegnava quelli che la trattavano con dolcezza e la coprivano di attenzioni. Aveva dunque una serie di convinzioni, regole, valori, che la portavano ad attirare a sé sempre la stessa tipologia di uomo che poi, alla lunga, non andava bene.

Ecco cosa può succedere quando non si conoscono le proprie regole; cerca quindi di formularle nella maniera giusta, affinché siano facili da soddisfare. Robbins racconta della volta in cui gli capitò di trovarsi alle isole Hawaii proprio in concomitanza con l'arrivo di un'eclissi di sole; un'eclissi è certo un evento straordinario e la notizia aveva suscitato clamore ed emozione generale; Robbins e sua moglie si erano preparati all'evento dandosi una certa regola di soddisfazione, ovvero che sarebbero stati comunque contenti, sia che fossero riusciti a vederla, sia in caso contrario. Non la pensavano certo così le centinaia di persone che si erano radunate nella zona in cui l'eclissi sarebbe stata maggiormente visibile e che, purtroppo, restarono deluse perché le nuvole coprirono il sole, impedendone a chiunque la vista. Robbins si mise ad ascoltare quasi divertito i commenti delle persone che dicevano: «Ah, non è possibile! Ho percorso migliaia di chilometri per venire qui ed è stato tutto tempo perso», oppure: «Che sfortuna, le nuvole, proprio oggi! Ma perché queste cose capitano solo a me?» Questi atteggiamenti erano la traduzione in concreto di regole di questo tipo: «Sono felice solo se vedo perfettamente l'eclissi».

Robbins invece si era detto: «È comunque un evento straordinario, mi trovo in mezzo a tantissime persone, a condividere un'esperienza particolare; mi sentirò bene comunque, indipendentemente da quello che succede all'esterno». Ecco che torna il concetto di proattività: non lasciarsi condizionare dall'esterno, ma scegliere come rispondere a un evento in base alle proprie regole. I valori sono astratti, le regole rendono invece concreta e tangibile la possibilità di decidere in maniera veloce ed efficace, in maniera immediata, essendo proattivi e quindi scegliendo.

A proposito di regole, l'antropologo Gregory Bateson racconta che la figlia un giorno andò da lui dicendogli: «Papà, non riesco a capire come mai, pur mettendo in continuazione in ordine la mia scrivania, le cose continuano a essere fuori posto». Lui rispose: «Cosa intendi? Fammi vedere». La bambina prese il papà per mano, lo portò nella sua camera e disse: «Guarda, ho appena sistemato la mia scrivania, ma da qui a poche ore sarà tutto in disordine». Gregory Bateson prese allora una matita, la spostò, poi chiese: «Adesso come è? In ordine o in disordine?» E la bambina: «Eh no, adesso è in disordine, hai spostato la matita!»; prese la matita e la rimise a posto. Gregory Bateson prese allora un quaderno, poi un pennarello, poi il portamatite e uno per volta li spostò di pochi centimetri, suscitando sempre l'ira della figlia. A quel punto l'antropologo disse: «Bene, figliola, ho capito qual è il problema. Tu hai un solo modo perché le cose siano in ordine e decine di modi affinché le cose siano in disordine». Voleva dire che la bambina aveva delle regole difficili perché si realizzasse l'ordine; per lei c'era una sola possibilità che ci fosse ordine su decine, centinaia di modi perché ci fosse disordine.

SEGRETO n. 13: rendi facili le regole per realizzare i tuoi valori positivi inserendo la "o" tra una condizione e l'altra;

rendi difficoltoso realizzare i tuoi valori negativi inserendo la "e" tra una condizione e l'altra.

Ti invito, quindi, a fare questo esercizio sulle regole, prendendo in esame ogni singolo valore, in particolare i primi dieci della tua scala. A questo punto puoi anche confrontare il lavoro sui valori con la ruota del tempo che hai fatto all'inizio per verificare se riesci a mettere in pratica, durante il giorno, i valori per te importanti. Ricapitolando: scrivi i valori che ritieni rilevanti, dai loro un ordine, scoprine le regole, ovvero la loro traduzione in concretezza, e fai il confronto con la ruota del tempo.

Se ti renderai conto che quello che fai durante la tua giornata non rispecchia i tuoi valori, ciò sarà una presa di coscienza amara ma fondamentale, perché è a partire dalla consapevolezza che si può acquisire una direzione su cui lavorare. Ti ho, dunque, mostrato come si possa venire a conoscenza di quali siano i propri valori, come si possa metterli in ordine e decidere in base ad essi; ora ti spiegherò come conoscere i propri valori possa portare a decidere in maniera facile e veloce, ovvero proattivamente. La pro attività è la facoltà di cui i grandi leader sono dotati, grazie alla quale è possibile decidere al meglio, velocemente ed efficacemente. Abbiamo detto che i leader sono quelle persone che decidono velocemente e cambiano idea lentamente, al contrario di quanto avviene comunemente. Quindi, la proattività altro non è che la capacità di scelta; se vuoi decidere, e, ancor più, se devi prendere decisioni difficili, innanzi tutto devi essere in grado di farlo, devi esserne capace.

Come puoi vedere dall'immagine, la proattività è collocata nella fase della scelta, ovvero tra stimolo e risposta. Possiamo scegliere come rispondere sia nelle piccole decisioni di ogni giorno sia in quelle più importanti e difficoltose da prendere. Nella vita ti capiterà di venire a contatto con molti stimoli esterni, situazioni impreviste e ostacoli nel percorso verso il raggiungimento dei tuoi obiettivi. Gli stimoli esterni in genere portano a rispondere in maniera automatica. Non sempre si è in grado di scegliere come reagire, perché non siamo abituati a farlo: se qualcuno ci tratta male, per esempio, reagiamo arrabbiandoci e questo può portarci a decidere in modo errato.

Può darsi che abbiamo appreso le regole che motivano i nostri comportamenti da modelli come i genitori, gli insegnanti, gli amici. Avere un buon formatore, ad esempio, è fondamentale, perché chi partecipa a un corso impara anche dal formatore stesso. Per questo motivo, chi segue con noi l'iter per diventare formatore non solo seguirà vari corsi, tra cui quello di public speaking, ma modellerà chi tiene il corso; sì, perché si impara soprattutto così, osservando il nostro modello in azione. L'apprendimento dei bambini è basato proprio su questo; si impara osservando, e i modelli appresi fanno sì che si apprenda il modo di rispondere agli stimoli, quasi come se la nostra mente fosse un computer in cui girano dei software.

Quello che puoi fare per modificare questo stato di cose è divenire consapevole che le tue risposte automatiche sono apprese e non innate, e che per questo possono essere modificate. Molte persone dicono: «**Io sono fatto così**», ovvero: «Questi atteggiamenti ce li ho dentro, fanno parte del mio carattere, del mio DNA», oppure:

«Sono sempre stato così, quindi ora non posso cambiare». Questo in realtà non è vero, perché la maggior parte delle risposte, dei comportamenti e anche dei valori sono appresi, e quindi è possibile scegliere come rispondere. Mentre la reattività è il meccanismo per cui si reagisce automaticamente a un determinato stimolo, la proattività, che è il concetto su cui stiamo lavorando, si basa sull'aggiunta, tra stimolo e risposta, della fase di scelta. Se una persona ti tratta male, come ho detto, puoi scegliere di ignorarla e non arrabbiarti più; sei tu che decidi come sentirti, senza permettere a chi non merita la tua stima di gestire le tue emozioni. Sembra assurdo: eppure lo facciamo in continuazione, lasciamo cioè che gli altri gestiscano le nostre emozioni e i nostri stati d'animo, e quindi, di fatto, non ci assumiamo la responsabilità di gestire noi stessi.

In questo modo, qualsiasi cosa ti succederà, sarai tu a decidere come reagire: magari ogni tanto ti arrabbierai, ma sarà una tua scelta. Il famoso "contare fino a dieci" è un'ottima tecnica per imparare a rispondere in maniera diversa da come faremmo, per spezzare il programma che sta girando in automatico. Ma il modo migliore per imparare a scegliere è l'abitudine; cioè metti in pratica quanto hai appreso ogni giorno, perché questo ti aiuterà. Cerca di non dipendere dagli altri e dalle condizioni esterne ma dai tuoi riferimenti interni; ormai sai chi sei, hai dei valori, sai quali sono e ne conosci l'ordine di importanza, ti sei allineato, hai una direzione, sai dove stai andando. E quindi dipendi da te stesso.

REATTIVITÀ/PROATTIVITÀ		
REATTIVIT À	**STIMOLO>RISPOSTA**	*LE PERSONE REATTIVE:* - SONO CONDIZIONATE DALL'AMBIENTE E DALLE CIRCOSTANZE; - SI SENTONO BENE, SE GLI ALTRI LE TRATTANO BENE.
PROATTIVITÀ	**STIMOLO>SCELTA>RISPOSTA**	*le persone proattive:* - sono responsabili delle proprie decisioni e delle proprie emozioni; - non si lasciano condizionare dalle circostanze; - prendono decisioni secondo i propri principi interni.

Più avrai chiari questi meccanismi, più riuscirai a decidere in maniera veloce ed efficace anche di fronte alle decisioni più difficili e a stare meglio con te stesso; quanto più ti conoscerai e sarai forte, tanto più le decisioni saranno le più giuste per te. Quindi ricorda: **stimolo, scelta** e **risposta**.

Adesso ti propongo un altro rapido esercizio; scrivi brevemente tre decisioni che hai preso in passato e che hanno influenzato molto la tua vita, sia nel bene che nel male; quindi, una decisione che è stata determinante oppure una che vorresti cambiare: decidi tu. Questo servirà a renderti consapevole di quanto le decisioni possano influenzare la tua vita, cambiarla in meglio o in peggio.

SEGRETO n. 14: la proattività è la facoltà di scegliere consapevolmente; grazie ad essa è possibile decidere al meglio, velocemente ed efficacemente.

Mi è capitato per esempio di lavorare con un cliente a cui è successa una cosa buffa. Volendo rappresentare la sua vita con un semplice grafico, la immaginava come una retta a partire dalla quale muoversi in diverse direzioni, a seconda delle scelte che avrebbe fatto. A un certo punto ha preso una decisione che ha fatto subire una deviazione al suo percorso; con una decisione successiva, poi, si è poi riavvicinato alla retta di partenza. In un primo momento, infatti, aveva deciso di andare a vivere da solo, e così ha fatto; poi si è fidanzato, si è sposato ed è tornato a vivere con la moglie nella stessa casa in cui era cresciuto. È possibile anche che pur proseguendo il cammino senza deviazioni, avrebbe comunque incontrato la sua futura moglie e l'avrebbe invitava ad andare a vivere a casa sua come puoi vedere nell'immagine sottostante.

In genere però non funziona così; è difficile incrociare di nuovo quella che sarebbe stata la nostra vita. Di solito, infatti, le decisioni ci fanno distanziare molto dalla retta iniziale; magari all'inizio la distanza è minima, ma, con il passare del tempo, l'angolo diventa più ampio e la distanza maggiore. Tornando all'esercizio, puoi quindi scegliere anche piccole decisioni, che hanno però avuto conseguenze grandi nella tua vita. Prenditi qualche minuto e scrivine tre prese in passato e due o tre che devi ancora prendere, su cui oggi sei in dubbio o che non sai come affrontare.

Ti ho fatto scrivere anche decisioni difficili, che oggi hai qualche problema a prendere; l'ho fatto perché tu ne sia consapevole facendo l'esercizio che ora ti proporrò, e che ti aiuterà a velocizzare le decisioni, vedendone già da oggi le conseguenze. Questo ti aiuterà ad evitare che, come può esserti successo in passato, tu possa prendere una decisione anche difficile, che ti costa molto, per poi pentirtene.

Le decisioni che prenderai da oggi in poi, infatti, saranno coerenti con i tuoi valori e quindi difficilmente te ne pentirai; al tempo stesso avranno delle conseguenze molto forti, perché, come hai potuto osservare dall'immagine, le decisioni portano a staccarsi anche in modo deciso dalla vita che si sta vivendo. Per renderti più chiaro il funzionamento dell'esercizio, ti riporto la trascrizione di una dimostrazione svolta in aula in uno dei miei corsi.

****

GIACOMO: Per svolgere il prossimo esercizio ho bisogno dell'aiuto di un volontario; vieni tu, Mario? Perfetto. Si tratta di un esercizio molto pratico, attraverso il quale analizzeremo le conseguenze che potrebbero avere nel futuro alcune tue decisioni prese oggi. Considera una situazione di questo tipo: devi prendere una decisione difficile, su una questione che ti sta particolarmente a cuore, ma hai un blocco che non riesci a superare. Ce l'hai in mente? Se sì, non c'è bisogno che tu ci dica di cosa si tratta: in PNL non ci interessano i contenuti, che possono anche rimanere "privati".

Ora visualizza la linea della tua vita ed immagina di trovarti su di essa; sei nel presente, di fronte a te c'è il tuo futuro e alle tue spalle il passato. Immagina di prendere una decisione, di fare una scelta che si discosti un po' rispetto al normale andamento della tua vita attuale; per questo camminerai in direzione obliqua rispetto alla tua linea della vita, avanzando verso destra o sinistra.

Fai un passo in avanti fino a un momento successivo, per esempio da qui a un anno. Ma dimmi, quale scadenza temporale ha la decisione che hai in mente?

MARIO: È brevissima; voglio dire che è una decisione da prendere velocemente.

GIACOMO: E le conseguenze di questa decisione si vedranno subito oppure no?

MARIO: No.

GIACOMO: Indicami un periodo: più o meno di un anno?

MARIO: Più di un anno.

GIACOMO: Perfetto. Ora, in base a ciò che mi hai detto, individua sulla linea un punto corrispondente al momento della tua vita nel quale avrai preso la decisione. Ovviamente, secondo ciò che abbiamo poco fa, la direzione che prenderai sarà obliqua rispetto alla linea della vita che hai immaginato.

MARIO: Non ho necessità di camminare, perché la decisione è da prendere nell'immediato, quindi nel presente.

GIACOMO: Bene; allora fai finta di averla presa e muoviti verso le conseguenze di quella decisione, che, come accennavi, dovrebbero manifestarsi tra oltre un anno. Siamo arrivati nel momento del tuo futuro in cui, dopo aver preso la decisione, ne stai avvertendo le conseguenze. Girati, guarda alle tue spalle e osserva tutto quello che è successo per arrivare sin qui. Immagina di vivere in prima persona questo momento: guarda con i tuoi occhi, ascolta con le tue orecchie, avverti le sensazioni che provi, renditi conto se hai preso la decisione giusta oppure no, sentilo dentro te stesso; hai qui di fronte a te tutto il periodo trascorso dal momento in cui hai preso la decisione sino ad oggi. Guarda le cose che sono successe durante quest'anno, le persone che sono state coinvolte nel tuo percorso, quello che è successo a te personalmente e tutto il resto. Prenditi tutto il tempo che è necessario e quando sarai pronto per tornare all'oggi, semplicemente cammina e muoviti nuovamente verso il presente.

Non so se avete osservato e notato anche i cambiamenti della sua fisiologia, della sua espressione: fate molta attenzione a questi particolari.

Ora sei di nuovo al presente, in un momento in cui non hai ancora deciso: puoi sentirti tranquillo e sereno. Immagina di prendere la decisione opposta e valutiamone le conseguenze; quindi, immaginando un periodo di tempo "x" allo scadere del quale dovrebbero verificarsi le conseguenze della decisione opposta, raggiungi il punto corrispondente sulla linea immaginaria che hai di fronte e che, ovviamente, sarà diverso dal precedente.

Bene, quindi immergiti di nuovo nella situazione che immagini di vivere e pensa di essere in quel momento: guarda dai tuoi occhi, ascolta dalle tue orecchie, senti le sensazioni che stai sentendo. Ora girati verso il tuo presente e, anche in questo caso, osserva tutto il percorso fatto per arrivare sin qui; immagina le persone coinvolte in questa *non*-decisione o in questa decisione opposta rispetto a quella presa poco fa e osserva tutte le conseguenze della decisione presa in un momento del tuo passato; sentile, vivile e, ora, decidi se hai preso la decisione giusta oppure no.

Quando ti senti pronto, semplicemente puoi tornare al presente. Prenditi tutto il tempo che ti è necessario.

Avete notato cambiamenti, nelle sue espressioni, tra la prima e la seconda decisione? Io ho notato dei cambiamenti piuttosto evidenti. Rispetto al percorso fatto poco fa per una decisione differente, hai una maggiore consapevolezza di quali sarebbero le conseguenze di questa seconda decisione? Stavolta avresti bisogno di qualche risorsa in più per decidere?

MARIO: Nell'ipotesi in cui avessi già deciso, avrei bisogno di risorse in più.

GIACOMO: Per esempio, una risorsa che ti servirebbe?

MARIO: La definirei come "coraggio", ma, in realtà, non è esattamente il coraggio.

GIACOMO: Bene, non c'è bisogno che tu mi dia una definizione precisa di quello che intendi per coraggio o di ciò che hai in mente; non c'è bisogno che tu ci dia una spiegazione. Ora ti chiedo: nel tuo passato hai mai posseduto questa risorsa? Ti è mai capitata una situazione in cui hai avuto coraggio o ciò che intendi per coraggio?

MARIO: Sì, mi è capitato di aver coraggio; ma la sensazione provata allora in relazione alla risorsa del coraggio non aveva l'intensità di quella che mi servirebbe adesso e che, sì, definirei come "coraggio".

GIACOMO: Saresti in grado di richiamare ora quella risorsa simile al coraggio?

MARIO: Considerando che quella di cui ho bisogno ora è legata a una sensazione sicuramente più intensa, direi di sì. Assolutamente!

GIACOMO: Perfetto. Ricordiamoci che anche le più grandi decisioni, quelle che hanno le conseguenze più rilevanti, spesso sono date da piccoli passi; possiamo trovare il coraggio di fare un primo piccolo passo un po' alla volta. Dunque, anche se ti serve un coraggio enorme per prendere una certa decisione, puoi comunque partire recuperando la risorsa del coraggio che in passato hai avuto, anche se era minima rispetto a quella che vorresti possedere adesso. Prendila e prova ad applicarla al "primo piccolo passo" di cui dicevo poco fa. Va bene. Grazie Mario!

****

Questo esercizio può anche aiutarti a riflettere su una decisione che magari hai già preso e che vorresti rimettere in discussione. Fondamentalmente, infatti, ha lo scopo di darti maggiore consapevolezza delle conseguenze delle tue decisioni, per prenderne subito consapevolezza e non dover pentirtene tra un anno o dieci anni. Quindi, se già oggi cercherai di capire dove puoi andare con le tue decisioni e che conseguenze esse avranno, per quanto puoi con l'immaginazione e l'immedesimazione, riuscirai a renderle ecologiche, ovvero rispettose della tua persona.

Fare l'esercizio su decisioni già prese ti permetterà di poterle modificare prima che sia troppo tardi, guadagnando tempo; è meglio affrontare la paura di una decisione finché è solo mentale, piuttosto che viverla poi in prima persona, quando ti trovi realmente nella situazione che ti sei prospettato, perché in quel momento sarà più difficile uscirne, se non impossibile. Al tempo stesso è fondamentale pensare anche alle risorse di cui potresti avere bisogno, come ho fatto fare alla persona coinvolta nella dimostrazione. L'idea è che, facendo un lavoro mentale, è ancora più facile disporre delle risorse; sì, perché così come puoi avere paura, puoi al tempo stesso avere più coraggio; tanto è solo un ragionamento, un esercizio pratico.

SEGRETO n. 15: prendi l'abitudine di scrivere le tue decisioni o di sintetizzarle in un grafico, questo ti aiuterà a velocizzare il processo decisionale e a far sì che le conseguenze che otterrai siano coerenti ai tuoi valori.

Bandler, infatti, ha scoperto che ci si può condizionare al successo. Quando abbiamo paura di qualcosa, per esempio di un esame, di un colloquio di lavoro, ci accade di visualizzare delle immagini dentro di noi, di crearci dei filmati mentali in cui va tutto male. Questo accresce la nostra paura e peggiora le cose.

Tuttavia puoi sfruttare questo meccanismo in positivo, visualizzandoti mentre l'azione che devi intraprendere ha un esito positivo; questo ti aiuterà a essere veramente più determinato e sicuro di te. Questa tecnica chiamata **profezia autoavverantesi** è molto usata nel "public speaking".

Puoi quindi programmarti ad andare bene all'esame, al colloquio di lavoro, a migliorare il tuo rapporto con i figli, con i genitori, con il partner, e così via; questo è il modo in cui il cervello funziona, la PNL non l'ha inventato ma solo sfruttato. Pensare alle conseguenze facendosi delle immagini e immedesimandosi è una cosa buona per chiarirsi un po' le idee sulle proprie decisioni; aiuta a sentirle già dentro osservandone gli effetti su se stessi ed eventuali altre persone coinvolte, e a rispettare quel concetto di ecologia che fa parte degli obiettivi ben formulati.

Quindi, se hai chiari i tuoi valori, sei proattivo: cioè vuoi scegliere il tuo destino, la tua vita e vuoi essere in grado di prendere velocemente e senza ripensamenti decisioni anche difficili, puoi veramente fare qualcosa per il tuo domani. Immagina le conseguenze delle tue azioni: verifica se sono allineate con la tua direzione e, in base a ciò, decidi. Io l'ho fatto veramente tante volte, per prendere anche le più piccole decisioni, perché so che sono quelle che poi fanno la differenza. Ti invito quindi a fare questo esercizio cominciando da una decisione abbastanza leggera, non troppo importante. È molto semplice; immagina di visualizzare la linea della tua vita di fronte a te e dietro le tue spalle, fai una passeggiata nel futuro, immedesimati, guarda le azioni che hai dovuto compiere per raggiungere questo obiettivo, valuta le conseguenze, torna indietro e decidi se vale la pena intraprendere quel percorso.

Potresti dire: «In effetti avevo valutato male gli esiti che la mia decisione avrebbe avuto; quella conseguenza non mi piace proprio, quindi scarto questa decisione» o al contrario: «Le conseguenze della mia decisione mi piacciono, posso raggiungere i miei valori e i miei obiettivi; questa è la direzione giusta». È molto meglio avere la possibilità di valutare in anticipo le conseguenze delle proprie decisioni piuttosto che arrivare a ottant'anni e accorgersi di non aver fatto nulla che andasse nella direzione dei propri valori. Ti consiglio di fare questo esercizio su singoli obiettivi, desideri, decisioni che vuoi prendere.

SEGRETO n. 16: grazie allo strumento della "linea del tempo" puoi attuare la strategia della profezia autoavverantesi; visualizza in anticipo una situazione che dovrai vivere ed immaginala in positivo; così ti condizionerai al successo.

Quando faccio fare questo esercizio, durante i miei corsi, c'è sempre qualcuno che riesce a prendere la decisione giusta e qualcuno che, come minimo, si chiarisce le idee. Ricordati sempre che la tua guida dovranno essere i valori; quando durante l'esercizio valuterai le conseguenze, chiediti sempre se esse li rispecchiano. Se non dovesse essere così, ti potrebbe comunque apparire tutto bello e facile da realizzare, ma in ogni caso significherebbe che non stai andando nella direzione giusta.

RIEPILOGO DEL GIORNO 3:

- SEGRETO n. 11: le modalità con cui ognuno applica i propri valori nella vita quotidiana vengono detti "regole o criteri".

- SEGRETO n. 12: siamo noi stessi a comandare i nostri stati d'animo attraverso immagini mentali, parole che ci diciamo, la nostra fisiologia e ciò su cui focalizziamo l'attenzione.

- SEGRETO n. 13: rendi facili le regole per realizzare i tuoi valori positivi inserendo la "o" tra una condizione e l'altra; rendi difficoltoso realizzare i tuoi valori negativi inserendo la "e" tra una condizione e l'altra.

- SEGRETO n. 14: la proattività è la facoltà di scegliere consapevolmente; grazie ad essa è possibile decidere al meglio, velocemente ed efficacemente.

- SEGRETO n. 15: prendi l'abitudine di scrivere le tue decisioni o di sintetizzarle in un grafico, questo ti aiuterà a velocizzare il processo decisionale e a far sì che le conseguenze che otterrai siano coerenti ai tuoi valori.

- SEGRETO n. 16: grazie allo strumento della "linea del tempo" puoi attuare la strategia della profezia autoavverantesi; visualizza in anticipo una situazione che dovrai vivere ed immaginala in positivo; così ti condizionerai al successo.

GIORNO 4:
ESSERE LEADER SENZA DECIDERE

La capacità di scegliere è molto importante per lasciare un *segno* nella propria vita. Si può imparare a decidere velocemente e, conoscendo i propri valori, a fare le scelte giuste anche nei casi più difficili; ma voglio che tu sappia che anche se non prenderai subito la tua decisione, andrà comunque bene e sarai comunque una persona degna di stima.

Una volta un ragazzo si è rivolto a me perché aveva un problema con la fidanzata, non sapeva cosa fare, se lasciarla o continuare la relazione. Come al solito non ho consigliato proprio nulla, perché non è questo il mio compito; il mio lavoro, al contrario, è di far ragionare le persone. Quindi ho messo quel ragazzo davanti a tutte le possibili scelte che aveva a disposizione. Ha così scoperto che, in realtà, le opzioni a sua disposizione erano molte più di due, non consistevano soltanto nel lasciare o non lasciare la sua fidanzata; avrebbe potuto non lasciarla e cercare di migliorare le cose, oppure non lasciarla e tirare avanti senza porsi troppi problemi, lasciarla e non vederla più, lasciarla e rimanerle amico e così via.

Secondo la PNL, infatti, una sola opzione non è una scelta e due sono solo un dilemma; la scelta vera e propria comincia da tre alternative in poi. Se ci pensi, anche il non decidere è una possibilità da considerare e può rappresentare una decisione; infatti avrà delle conseguenze. La nostra identità, comunque, va coccolata, sia che riusciamo a prendere una decisione, sia che non ci riusciamo nell'immediato. A questo fine faccio svolgere un esercizio molto interessante durante i corsi in aula, finalizzato a sottolineare l'importanza dell'autostima a prescindere, ovvero dell'autostima incondizionata.

Il messaggio che questo esercizio deve trasmettere è che sei comunque una persona valida e puoi tenere alta la tua autostima sia che decida in un modo, sia che decida in un altro, sia che non decida affatto, come può capitare in qualche occasione. In questo modo potrai scegliere l'opzione più giusta per te in maniera più libera e incondizionata, anche nei casi più difficili. Te ne riporto una trascrizione perché tu possa capirne meglio il funzionamento.

****

GIACOMO: A questo punto ho bisogno di quattro volontari per dimostrare un esercizio davvero molto interessante; vi assicuro che vivrete delle sensazioni veramente belle e piacevoli. Chi vuol partecipare? Perfetto; mi aiuteranno Lorenzo, Simonetta, Lucia ed Ennio. Un bell'applauso per loro! Allora, ragazzi, nel dimostrare l'esercizio avrete la possibilità di *non* decidere, di *non* scegliere; vorrei che alla fine vi sentiste tutti apprezzati indipendentemente da ciò che avrete scelto. Dunque, cominciamo. Sistematevi in questo modo: Ennio, che impersona il "cliente", colui che dovrà prendere la decisione e che dovrà sentirsi coccolato, al centro; Lorenzo alla destra di Ennio; Simonetta alla sua sinistra; Lucia di fronte ed io, che sono il coach, alle sue spalle. Ennio, tu puoi immaginare di dover prendere qualsiasi decisione, l'importante è che sia "leggera".

Inizia Lorenzo, che dirà ad Ennio: «Va bene se lo fai»; Lorenzo, prova a dirlo.

LORENZO: Va bene se lo fai.

GIACOMO: Mentre Simonetta gli dirà: «Va bene se *non* lo fai».

SIMONETTA: Va bene se *non* lo fai.

GIACOMO: E Lucia gli dirà: "Va bene se *non* decidi".

LUCIA: Va bene se *non* decidi.

GIACOMO: Lorenzo, Simonetta e Lucia ti ripeteranno, a turno e seguendo un certo ritmo, ognuno la propria frase, illustrandoti tutte le possibilità che ti si prospettano; nel frattempo io, in veste di coach, ti elargirò messaggi di "sponsorship"; frasi come, ad esempio: "sei speciale", "sei grande", "sei straordinario", "ce la fai", "va bene in ogni caso", "va bene comunque". Siete pronti? Via!

LORENZO: Va bene se lo fai.

SIMONETTA: Va bene se *non* lo fai.

LUCIA: Va bene se *non* decidi.

GIACOMO: Sei grande.

LORENZO: Va bene se lo fai.

SIMONETTA: Va bene se *non* lo fai.

LUCIA: Va bene se *non* decidi.

GIACOMO: Sei speciale.

"[…] l'esercizio prosegue nello stesso modo per altri cinque minuti […]". Ennio, nel frattempo, in stato di concentrazione e ad occhi chiusi, ascolta le sollecitazioni che gli provengono dagli altri corsisti e da Giacomo; si rigira una penna tra le dita e, a tratti, annuisce. Nel momento in cui, per via di un sussulto di Ennio, Giacomo si rende conto che ha raggiunto il picco emotivo della sua sensazione, ferma la sequenza e crea "un'ancora" a quella sensazione positiva, perché Ennio la possa richiamare, in futuro, quando vorrà.

GIACOMO: Bene Ennio, ora respira e ancoriamo, ovvero leghiamo ad un gesto la sensazione positiva che Ennio sta avvertendo: ragazzi, mettete le vostre mani sulle sue spalle e stringetelo tutti assieme mentre continuate a dire le vostre frasi. Avanti!

LORENZO: Va bene se lo fai.

SIMONETTA: Va bene se *non* lo fai.

LUCIA: Va bene se *non* decidi.

GIACOMO: Va bene comunque.

GIACOMO: Va bene, può bastare; come ti senti? A me sembra che tu stia bene!

ENNIO: Sì, in effetti mi sento benissimo!

GIACOMO: Puoi dirmi "perché" ti senti bene?

ENNIO: Mi sento bene perché ho preso la mia decisione.

GIACOMO: Davvero?

ENNIO: Sì, ed è quella di *non* decidere. E mi sento bene e in pace con me stesso.

GIACOMO: Un'ottima scelta! Va bene, un applauso per Ennio, grazie!

****

SEGRETO n. 17: se sei capace di scegliere, potrai anche decidere di *non* prendere una decisione e tenere ugualmente alta la tua autostima; è comunque una scelta e, come tale, avrà delle conseguenze.

Sono riuscito a fare questo esercizio anche da solo, con l'aiuto del computer. Puoi registrare le varie frasi: "Va bene se lo fai", "Va bene se non lo fai", "Va bene se non decidi" e una quarta traccia con messaggi di sponsorship: "Sei grande", "Sei straordinario", "Va bene così", "Sei capace", utilizzando voci diverse.

L'efficacia è la medesima che se lo facessi con l'aiuto di altre persone. Hai quindi a disposizione molte tecniche per decidere in maniera più efficace, e ti saranno molto utili, perché nella vita di decisioni più o meno difficili se ne prendono tante.

Al tempo stesso, non dimenticare mai che tu vali come persona, a prescindere dalle tue decisioni; la tua identità ha un valore enorme, in ogni caso. La psicologia che sottende alle nostre decisioni è un argomento importantissimo perché, di fatto, ognuno di noi si trova a prendere decisioni piccole, medie e grandi ogni giorno, con conseguenze spesso molto importanti. Magari, tra dieci anni, le piccole decisioni di oggi avranno cambiato la nostra vita; potremmo essere ricchi perché abbiamo preso una certa decisione o poveri perché ne abbiamo presa un'altra; potremmo essere sposati o single. Non possiamo conoscere tutte le conseguenze delle nostre scelte, ma possiamo farcene un'idea tramite gli esercizi che ti ho spiegato.

Nella vita, quindi, ogni piccola decisione può avere delle conseguenze enormi, e la psicologia che c'è dietro ogni scelta si basa su fondamenti come i valori e la proattività. I valori ti guidano e ti danno una direzione; se li conosci bene, avrai dei parametri per poter scegliere meglio. Sappiamo infatti che i grandi leader decidono velocemente, perché hanno chiari i loro valori e la loro identità: sanno chi sono. Se una certa decisione va nella stessa direzione della tua identità, dei tuoi valori, è una decisione giusta; altrimenti evita di prenderla e scegline una diversa.

I grandi leader, inoltre, come sai, cambiano idea raramente, e se la cambiano ciò avviene molto lentamente. Le persone comuni, invece, decidono lentamente e cambiano idea facilmente; ciò accade perché, non essendo sicuri delle loro decisioni, con grande facilità possono cambiare idea una, due, dieci volte; tornano sui propri passi e trasmettono incoerenza, incongruenza.

Ti ho mostrato, con la ruota del tempo, come tutto ciò si traduca poi nella pratica: un elemento astratto come i valori, durante l'arco della giornata, si trasforma, in concreto, nei nostri comportamenti.

Tutto quello che ti capita durante la giornata, il tuo lavoro, le tue emozioni, il rilassamento, non deve avvenire a caso, ma deve essere una tua scelta, data dai valori. La tua ruota del tempo, i comportamenti assunti nella tua giornata, devono rispecchiare i tuoi valori.

Ti ho parlato di valori come la serenità, la sicurezza, la felicità, l'amore, la qualità, l'avventura, la libertà, che devono essere non strumenti, bensì stati d'animo. I valori veri e propri, che abbiamo definito come "valori-fine", sono delle sensazioni vissute internamente, mentre i valori-mezzo, come il denaro, servono per raggiungere altro: serenità, sicurezza, libertà. I valori, tuttavia, sono astratti, e per tradurli in pratica sono necessarie delle regole, dei criteri che li soddisfino.

Come dicevamo, i criteri o regole attraverso i quali si arriva a realizzare un valore possono differire, anche molto, da persona a persona e, a volte, possono essere particolarmente difficili da soddisfare. Ad esempio c'è il caso, che ricordavamo prima, delle persone che hanno bisogno, per sentir realizzato un proprio valore, della contemporanea soddisfazione di più criteri; ma, ancora, può darsi un valore sia difficile da soddisfare perché le regole sono mal formulate.

Possiamo scegliere le regole, nessuno ce le impone. Esprimile quindi in positivo, in prima persona, prendendotene la responsabilità; i tuoi stati d'animo devono dipendere da te, non dalle altre persone, dalle condizioni esterne, dall'ambiente.

SEGRETO n. 18: formula bene le tue regole perché non sia difficile realizzare i tuoi valori; esprimile in positivo e in prima persona, assumendotene la responsabilità.

Come ho ricordato in precedenza, utilizza "o", "oppure" e non "e", fai in modo cioè che non sia necessario soddisfare più condizioni per realizzare il valore che ti interessa, ma che ne basti una sola. Ricordati, inoltre, che dietro alle regole ci sono i rapporti umani; ricorda che due persone possono avere gli stessi valori, ma se hanno regole diverse attraverso le quali tradurli in concretezza, entreranno in conflitto. Se una persona ha il valore "amore" al primo posto e la sua fidanzata anche, è una cosa buona; ma se la traduzione è molto diversa bisognerà affrontare dei problemi, trovare un equilibrio modificando le regole e formulandole secondo le indicazioni che ti ho dato.

La cosa più rilevante è che, alla fine, tu sia congruente con te stesso e che le tue decisioni, le tue scelte, i tuoi comportamenti siano allineati con la tua identità e i tuoi valori. Purtroppo molto spesso accade il contrario; per questo ti proporrò degli esercizi finalizzati a renderti congruente e a prendere consapevolezza di quando lo sei o non lo sei.

Per raggiungere lo scopo di allinearti è importante avere una direzione chiara, ovvero sapere dove stai andando e allinearti verso quella direzione. Una volta decisa la tua missione dovrai cercare di essere sempre congruente al tuo obiettivo, e comportarti di conseguenza; i tuoi valori dovranno essere espressi dal tuo obiettivo e tutta la tua persona dovrà essere orientata ad esso.

Ti renderai infatti conto che, quando sei veramente allineato e congruente e hai una direzione, qualsiasi cosa farai, questo emergerà dai tuoi comportamenti; la gente che hai accanto se ne accorgerà, vedrà una persona che fa quello che dice e quello che pensa, sempre. In qualsiasi situazione ti comporterai in base ai tuoi valori e alla direzione che hai scelto; se ti troverai a gestire un gruppo, perché magari sei a capo di un'azienda, e sarai allineato e congruente, trasmetterai la tua sicurezza anche ad altri. Sarai in grado di essere un buon leader anche per altre persone.

SEGRETO n. 19: dietro le regole ci sono i rapporti umani; due persone possono avere i medesimi valori ma regole diverse per soddisfarli, ed esse si tradurranno in comportamenti differenti.

Avrei potuto portarti centinaia di esempi in questo senso, ma ciò che voglio è che ti restino in mente poche informazioni chiare ed incisive, in modo che tu possa comprenderle a fondo, vederle, viverle da ogni punto di vista e sentirle dentro di te. Hai mai sentito parlare di **assertività**? Essere assertivi significa essere in grado di esprimere tutto quello che si pensa, senza paura e rispettando gli altri; comunicare i propri valori senza aver paura di essere presi in giro, trattati male, fraintesi, aggrediti: «Io sono così, questi sono i miei valori». L'assertività è spesso intesa anche come punto di equilibrio tra passività e aggressività.

Ti sarà capitato di incontrare persone decisamente passive nel senso che non hanno il coraggio di esprimere chiaramente le proprie opinioni, ma le tengono dentro di sé e soffrono molto per questa incapacità di esternarle. Magari è capitato anche a te di comportarti in questo modo in determinate situazioni: «Non glielo dico, chissà cosa penserebbe di me...». Possiamo però parlare di persone passive solo in casi estremi, in riferimento a chi assume sempre quell'atteggiamento. All'estremo opposto c'è l'aggressività: colui che attacca per non essere attaccato, che come sistema di difesa utilizza l'aggressione dell'altro, quello che prende in giro tutti, ma magari è profondamente insicuro.

Il **leader** "perfetto", invece, quello che dobbiamo prendere a modello, è assertivo: cioè sta perfettamente al centro, in equilibrio tra aggressività e passività, perché è colui che ti dice in faccia le cose senza aggredirti, e comunque con rispetto. Ti parla quindi con il tono giusto, ti dice esattamente quello che pensa, senza offendere e senza sentirsi offeso, il che è molto importante; grazie al suo atteggiamento mentale, tipico di un leader, sa prendere con coerenza e lucidità anche le decisioni più difficili.

Ora prendi un foglio e, ispirandoti all'immagine sottostante, disegna una linea scrivendo ai due estremi "passività" e "aggressività" e al centro "**assertività**" e posizionati su di essa in base a come ti sembra di essere: «Sento di essere molto aggressivo», oppure «Sento di essere tendenzialmente aggressivo, però abbastanza assertivo». Prova a posizionarti, velocemente, senza pensarci troppo.

Questa è ovviamente una generalizzazione, ovvero un concetto astratto, teorico. La verità è che la nostra vita è fatta di tante situazioni e tanti contesti diversi, in cui sarà facile assumere più comportamenti; certe volte saremo aggressivi, certe altre passivi, altre ancora assertivi. Si può fare un bilancio e dire: «Bene, più o meno sono così», ma è bene rendersi conto che noi non siamo i nostri comportamenti. Identità e comportamenti sono due livelli separati.

Tutto il lavoro sulle convinzioni che viene svolto nei corsi di *"Autostima"* e di *"Motivazione"* si basa su questo principio; quando una persona dice: «Ah, ma io sono fatto così», «Io sono timido» «Io sono aggressivo», si sta solo dando delle etichette che si basano su sue convinzioni.

Sono vere? Sono false? La verità è che non sono né vere né false; in molte occasioni ci comportiamo in un certo modo, in altre nel modo opposto. Tante volte da piccolo ho agito da timido, e tante altre sono stato sicuro di me.

Credere di essere fatti in un modo o nell'altro dipende solo dalle convinzioni che abbiamo maturato, o che ci hanno trasmesso genitori, insegnanti e così via; le convinzioni potenzianti ci aiuteranno nella vita, quelle limitanti ci ostacoleranno. Sta a noi quindi decidere quali convinzioni avere: anche questo rientra nell'allineamento.

SEGRETO n. 20: essere assertivo significa essere in grado di esprimere tutto ciò che si pensa senza timore e rispettando gli altri, in equilibrio tra aggressività e passività.

Essere assertivi, e quindi dire le cose come stanno, significa anche dare alle persone un feedback, ovvero un giudizio, un commento, uno stimolo che possa aiutarle a crescere. Se sbaglio sul lavoro, e nessuno me lo fa mai notare perché teme la mia autorità e autorevolezza, oppure per la paura che io mi offenda, alla fine sarò io che non crescerò: la critica è un'occasione di miglioramento per chiunque.

Cerca, quindi, di essere tollerante ma non passivo; non reprimere ciò che vorresti dire ma esprimilo con rispetto, cercando di dare un feedback.

Se esso sarà positivo, come ad esempio: «Bravo hai fatto un ottimo lavoro», rinforzerà un comportamento corretto, la persona si sentirà stimata e sarà spronata a fare ancora meglio. Se sarà negativo, sarà la cosiddetta "critica costruttiva". Quindi, è giusto far notare uno sbaglio fatto, ma in modo rispettoso: «Bene, hai sbagliato, però tu sei una brava persona» ed è altrettanto importante lodare sempre la persona che ha agito bene.

Un'immagine indovinata di come debba essere il giusto feedback è quella del "feedback a sandwich", che qui vedi rappresentata.

Immagina un bel "panino" in cui la parte superiore e quella inferiore siano due lodi e il ripieno la critica. Se vuoi dare un feedback a qualcuno per farlo crescere, di base ci deve essere un interesse vero, della stima per quella persona; la critica andrà posta quindi tra due lodi sull'identità, sulla persona, ad esempio: «Tu sei un bravissimo collaboratore, oggi hai fatto una stupidaggine e so che puoi porvi rimedio in questo modo perché sei uno che si impegna».

A differenza delle lodi, la critica va fatta sul singolo comportamento. Purtroppo, in genere, avviene esattamente il contrario; le persone fanno le loro critiche senza inserire alcuna lode, né prima né dopo, e, in più, nel criticare, non si riferiscono ad un singolo comportamento ma colpiscono l'identità della persona. E non può esserci cosa peggiore che sentirsi dire: «Tu sei un incapace; sei un cretino»; così si rovinano le persone.

Pensa ai bambini che vengono criticati in questo modo da insegnanti o genitori: «Sei un cretino perché hai fatto cadere il vaso»; sentiranno colpita la loro identità. Se questo commento diventerà un'abitudine, se ci sarà ogni volta che il bambino sbaglia, lui, che può sbagliare molto spesso proprio perché è un bambino, si abituerà a sentirselo dire e finirà per considerarsi tale.

La critica equilibrata sarà invece strutturata in questo modo: «Tu sei un bravo bambino (lode all'identità); hai fatto cadere un vaso (critica al comportamento); sono certo che la prossima volta sarai più attento (lode all'identità)». In questo modo gli farai capire che lo stimi ugualmente, che può capitare di fare stupidaggini, e gli suggerirai anche la direzione per non rifare lo stesso errore. Questo è molto importante, perché la maggior parte dei problemi di autostima sorgono da bambini: cerchiamo quindi di prevenirli nei bambini con cui interagiamo.

SEGRETO n. 21: se intendi rivolgere una "critica costruttiva" a qualcuno, utilizza la tecnica del feedback a sandwich; inserisci la critica al singolo comportamento tra due lodi all'identità.

Ricorda quindi: la lode all'identità, la critica al comportamento. Spesso rinunciamo a fare una critica proprio perché siamo abituati al modo sbagliato di enunciarla che ci porta a offenderci o a offendere. Se invece impariamo a farla in modo corretto, saremo molto utili alle persone con cui entriamo in contatto. Un conto, infatti, è far notare a un amico o a un collaboratore che un suo comportamento è sbagliato, un altro è sottolineare che è lui a essere sbagliato.

La stessa cosa avviene in ambito scolastico o universitario; una volta all'università mi sono sentito dire: «Tu non sarai mai un ingegnere!» Io non mi sono scomposto: per fortuna conoscevo già la PNL e quindi, ero in grado di gestire la mia emotività.

Non ho risposto, ma ho pensato: «Ciò che dici dimostra che tu non sei un buon professore!». Quando la stessa frase inopportuna è stata ripetuta anche ad altri miei compagni di corso, ne sono rimasti segnati, perché hanno sentito colpita la loro identità, e nessuno ha il diritto di farlo.

RIEPILOGO DEL GIORNO 4:

- SEGRETO n. 17: se sei capace di scegliere, potrai anche decidere di *non* prendere una decisione e tenere ugualmente alta la tua autostima; è comunque una scelta e, come tale, avrà delle conseguenze.

- SEGRETO n. 18: formula bene le tue regole perché non sia difficile realizzare i tuoi valori; esprimile in positivo e in prima persona, assumendotene la responsabilità.

- SEGRETO n. 19: dietro le regole ci sono i rapporti umani; due persone possono avere i medesimi valori ma regole diverse per soddisfarli, ed esse si tradurranno in comportamenti differenti.

- SEGRETO n. 20: essere assertivo significa essere in grado di esprimere tutto ciò che si pensa senza timore e rispettando gli altri, in equilibrio tra aggressività e passività.

- SEGRETO n. 21: se intendi rivolgere una "critica costruttiva" a qualcuno, utilizza la tecnica del feedback a sandwich; inserisci la critica al singolo comportamento tra due lodi all'identità.

GIORNO 5:
ALLINEARE I LIVELLI LOGICI

Vediamo ora nello specifico in che cosa consiste l'allineamento, ovvero quali sono i livelli logici, teorizzati da Robert Dilts, su cui dobbiamo lavorare per *di-segnare* la nostra direzione.

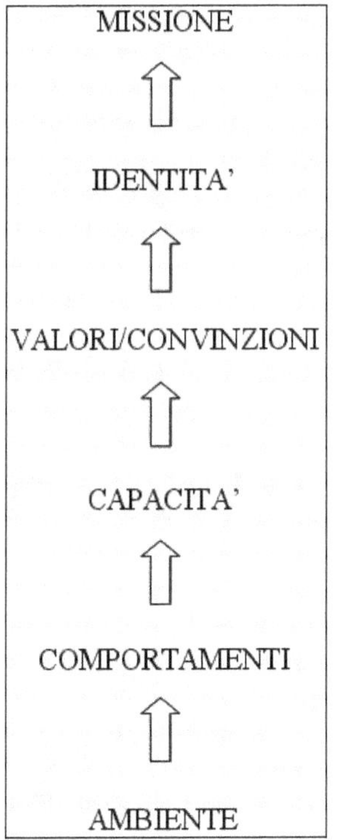

Osserviamo lo schema a fianco, che concerne i livelli, e partiamo dal fondo. L'**ambiente** è costituito dal luogo dove lavori, dalle persone che frequenti, dalla famiglia, dalla casa e da tutto ciò che riguarda il "dove". È il livello più basso, il più esterno a noi, se vogliamo; ma è comunque molto importante che di per se stesso sia soddisfacente. Ti faccio un esempio, per chiarire ciò che intendo; mi è capitato più di una volta di essere richiesto per fare un corso di vendita in qualche azienda, perché il capo era spaventato dal fatto che i venditori non concludessero un numero sufficiente di contratti e non si raggiungesse il fatturato.

In questi casi c'è sempre una decisione piuttosto difficile che devo prendere, ossia se accettare il lavoro o meno; infatti non mi fermo alla richiesta che mi viene fatta, alla necessità individuata dal capo, perché potrebbe non corrispondere alla reale necessità dei venditori. Per cui, come prima cosa, prima di accettare questo tipo di lavoro, studio sempre tutti i livelli. Il problema, infatti, potrebbe essere solo ambientale; se i venditori, ad esempio, lavorano in un ufficio troppo stretto, siedono a un centimetro l'uno dall'altro, non riusciranno ad effettuare le loro telefonate come dovrebbero; oppure, se lavorano con una temperatura eccessivamente alta o troppo bassa non riusciranno a concentrarsi; forse, a seconda delle necessità, basterebbe acquistare un condizionatore d'aria o regolare meglio quello che c'è per risolvere il problema e aumentare il fatturato.

L'ambiente può essere un fattore più importante di quanto ci si possa immaginare. È molto raro lavorare in un ambiente in cui tutto è perfetto: il clima è regolato bene, si va d'accordo con tutti e così via. Per quanto sia il livello più esterno, quindi, il problema può risiedere proprio qui. Anche in un corso di formazione l'ambiente può essere molto importante; se nell'aula facesse troppo caldo o troppo freddo ci si addormenterebbe, oppure non si potrebbe stare attenti; addirittura la disposizione delle sedie può essere un fattore ambientale molto importante. C'è una branca della psicologia, chiamata "psicogeografia", nata negli anni Cinquanta, che studia le correlazioni tra psiche e ambiente e, in particolare, l'influsso che l'ambiente geografico può esercitare sul comportamento affettivo degli individui.

SEGRETO n. 22: l'ambiente, pur essendo il livello più esterno, può essere un fattore più importante di quanto si possa immaginare sul quale lavorare.

Il secondo livello logico è il **comportamento**, che è dato dal modo in cui affronti le situazioni che ti capitano; così, come l'ambiente è il "dove", il comportamento è il "cosa". Immagina che ti capiti un'occasione bellissima, la possibilità di crescere, magari ti offrono un nuovo lavoro che è sempre stato il tuo sogno. Le condizioni ambientali ti favoriscono, quindi dovresti accettare senza pensarci troppo; ma tu non cogli l'occasione, non agisci, non ti comporti in modo adeguato. Puoi avere un grande obiettivo, delle condizioni ambientali favorevoli, una grande opportunità, ma se non la sfrutti, perché sei pigro e non agisci, non accadrà nulla; infatti, per quanto l'ambiente possa essere propizio, se i comportamenti non sono allineati non andrai da nessuna parte.

SEGRETO n. 23: il comportamento può favorirti o limitarti; se non cogli le occasioni per pigrizia, se non vuoi agire, non andrai da nessuna parte.

Il terzo livello logico è la **capacità**, ovvero le tue abilità, quello che sai fare: saper comunicare, tenere una riunione, gestire dieci dipendenti, scrivere al computer, usare un certo programma, parlare inglese, e così via. Se anche avessi condizioni ambientali favorevoli, e se anche presentandosi la tua grande occasione, fossi motivato tanto da fare tutto quello che è necessario per raggiungere l'obiettivo, ma non ne avessi le capacità, non arriveresti a niente.

Così se io, studiando un'azienda, mi rendessi conto che i venditori lavorano in un ambiente piacevole, con un clima adeguato, ognuno alla sua scrivania e con un proprio computer, ma non fanno le telefonate che dovrebbero, direi che il problema è comportamentale; se invece notassi che fanno tutte le telefonate previste ma non riescono a vendere, il problema sarebbe nelle capacità; solo in quel caso avrebbe senso fare un corso di vendita. Puoi avere l'ambiente giusto e lavorare tanto, ma, se non sai fare le telefonate, se non sai vendere, non sai comunicare, è necessario un corso di formazione.

Lo stesso principio vale con le persone che si rivolgono a me in qualità di coach, per riuscire a raggiungere i propri obiettivi. Poniamo che il tuo obiettivo sia: «Voglio dimagrire di dieci chili in quattro mesi». La prima cosa che farei sarebbe di verificare i livelli, partendo da questi primi tre che abbiamo analizzato. Ambiente; in che ambiente vivi? Casa tua è strapiena di dolci? Quello può essere un problema ambientale; è sufficiente che tu faccia sparire da casa tua tutte le cose che non puoi mangiare e questo renderà la cosa più facile. Passiamo al comportamento; ora non ci sono più dolci in casa, ma tu agisci? Ti dai da fare? Mangi solo quando devi? Mangi solo le porzioni che devi? Se non lo fai, il problema è comportamentale. Arriviamo alle capacità; hai le capacità per gestirti in questa condizione "critica"? Sei in grado di resistere? Riesci a non sentirti male pensando che non hai più la cioccolata a disposizione? La PNL suggerisce molte tecniche per rendere meno desiderabile il cibo, ad esempio prendendone l'immagine e allontanandola.

SEGRETO n. 24: le capacità sono le tue abilità, ciò che sai fare; seppure fossi messo nelle migliori condizioni per raggiungere il tuo obiettivo, senza le giuste capacità non arriveresti a niente.

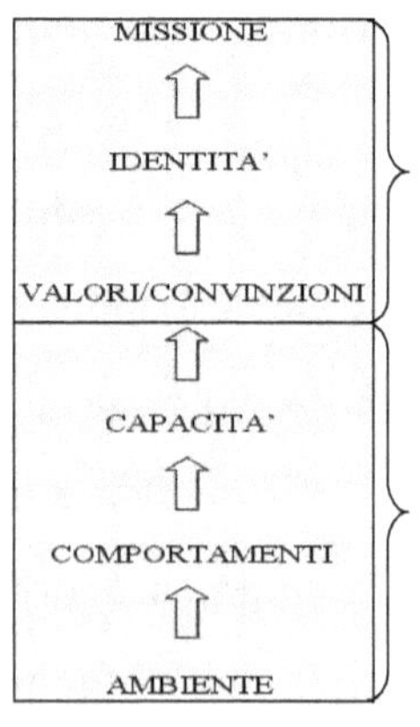

LIVELLI DEL "NUCLEO": MISSIONE, IDENTITÀ, VALORI/CONVINZIONI, SONO I LIVELLI PIÙ INTERNI, CHE INERISCONO L'ESSENZA STESSA DI UNA PERSONA E CHE, PER QUESTO, INFLUENZANO I TRE LIVELLI PIÙ ESTERNI: CAPACITÀ, COMPORTAMENTI, AMBIENTE;

LIVELLI PIÙ ESTERNI: CAPACITÀ, COMPORTAMENTI, AMBIENTE, SUBISCONO L'INFLUENZA DEI LIVELLI DEL "NUCLEO".

In questa analisi dei livelli stiamo procedendo dall'esterno verso l'interno: ambiente, comportamento e capacità sono i livelli più esterni. A questo punto c'è una piccola separazione, che evidenziamo anche nell'immagine di questa pagina, perché con i prossimi livelli entreremo nel nucleo. Tieni sempre presente che i livelli superiori influenzano quelli inferiori. Affrontiamo ora il livello delle convinzioni e dei valori. Le convinzioni sono le cose in cui crediamo, ad esempio: «Sono convinto di essere timido e di non riuscire a parlare di fronte ad una platea». Anche in questo caso, come nei precedenti, se l'ambiente, il comportamento e le capacità sono a posto, ma sei convinto di non essere capace di parlare in pubblico, purtroppo sarà la convinzione negativa ad avere la meglio. In questo senso è ancora una volta necessario allineare tutti i livelli logici.

Convinzioni e valori sono sullo stesso piano perché entrambi rappresentano le cose in cui crediamo, sono le nostre motivazioni. In PNL parliamo di: "Motiv-azione", ovvero del "motivo che ci spinge all'azione". Se sei convinto di una cosa, infatti, ti comporterai di conseguenza. Questo livello è così importante da influenzare tutti gli altri. Se hai un ambiente favorevole che ti offre la tua grande opportunità, se ti dai da fare comportandoti nel modo giusto, se fai un corso di formazione incrementando le tue capacità, e tuttavia non credi in quello che stai facendo, non ne sei convinto, non rientra nei tuoi valori, tutto questo non funzionerà. Pensa ad esempio alla persona che cerca di mettersi a dieta; ha eliminato tutta la cioccolata da casa (ambiente), non si alza di notte per mangiare (comportamento) e ha fatto un corso di PNL per gestire il suo stato d'animo (capacità). Va tutto bene, ma se continua a essere convinta che la cioccolata la faccia stare bene come nulla altro, se per lei il mangiare è un valore importante, continuerà a farlo. O, meglio, come spesso accade, proverà a mettersi a dieta ma dopo pochi giorni, al massimo poche settimane, tornerà al regime precedente.

Queste sono le famose diete "yo-yo"; si seguono per un certo periodo, si perdono un po' di chili e poi, invariabilmente, si recuperano. Perché? Perché lo sforzo avviene solo al livello comportamentale, "violentando" le proprie convinzioni, ciò che si considera importante. Quindi non si è coerenti; non si mangia più cioccolata bensì carote e finocchi, ma si continua a pensare che la sensazione di benessere provocata dalla cioccolata sia insostituibile. Ecco dove manca l'allineamento; se avrai un problema su uno dei livelli, qualsiasi esso sia, non sarai congruente; magari proverai a metterti a dieta, ma senza successo, perché le tue convinzioni rimarranno altre. Con il fumo avverrebbe la stessa cosa. Chi vuol smettere di fumare elimina le sigarette creando un ambiente favorevole, non frequenta più fumatori, non fuma più, modificando anche il suo comportamento; fa un corso di PNL per smettere di fumare, per migliorare le proprie capacità. Ma se è convinto che fumare lo rilassi, se continua a sentirsi e a chiamarsi fumatore, allora non cambierà le proprie convinzioni e ciò che pensa di se stesso: il risultato che otterrà sarà quello di ricadere nel vizio, e non riuscirà a smettere.

SEGRETO n. 25: convinzioni e valori sono le cose in cui crediamo; sono sullo stesso piano perché entrambi ci motivano ad agire.

Ecco perché il livello dell'**identità** è molto importante. Identità significa chi siamo, o meglio chi pensiamo di essere, chi crediamo di essere; in fondo l'identità non è altro che una nostra convinzione. Dire: «Io sono timido» equivale alla convinzione di essere timidi, cioè a una convinzione sull'identità; per questo, identità e convinzioni sono vicini anche graficamente. Proviamo a fare il procedimento opposto, partendo, anziché dall'ambiente e dal comportamento, dall'identità e da convinzioni e valori. La salute è un mio valore da tutelare, quindi da oggi sono un "non fumatore"; per questo faccio il corso di PNL per non fumare (capacità), non fumo più, prendo le sigarette e le butto (comportamento) e frequento di meno le persone che fumano (ambiente). Se ti comporterai in questo modo sarai congruente con la tua identità, e ti sarà molto più facile raggiungere il tuo obiettivo.

Bisogna quindi partire dai livelli più alti e far sì che quelli inferiori si allineino ad essi, e non viceversa. Non basta prendere le sigarette e buttarle per riuscire a smettere di fumare; agire prima di tutto sulla propria identità è fondamentale. Adesso prenditi un paio di minuti e scrivi tre o quattro convinzioni sulla tua identità, come ad esempio "Io sono timido", "Io sono sicuro di me", "Io sono bravo a parlare in pubblico", "Io sono riflessivo" e così via. Questo è un lavoro che in genere facciamo in automatico; spesso nella nostra mente ci diciamo: «Io sono fatto così». Se sei convinto di essere in un dato modo ti comporterai di riflesso; il comportamento è una conseguenza dell'identità e in generale i livelli inferiori sono una conseguenza di quelli superiori.

Cercare di fare il contrario, ovvero modificare il comportamento sperando che a lungo andare cambi anche l'identità, normalmente non funziona; ma, se anche funzionasse, sarebbe un processo molto lungo, faticoso e stancante. In PNL, invece, si cerca l'efficacia, ovvero qualcosa che funzioni bene e dolcemente. Se io sono convinto di voler fare il formatore, tutto il resto verrà in automatico; mi darò da fare, agirò, magari cambierò l'ambiente che frequento e comincerò a incontrare persone che fanno già questo lavoro. Se hai una convinzione sulla tua identità o comunque su valori che per te sono importanti, troverai un modo per raggiungere il tuo obiettivo. Perciò, quando noi offendiamo qualcuno nell'identità, stiamo facendo un grave danno in tutti i livelli; come ho già detto precedentemente, se convinciamo un bambino di essere uno stupido e facciamo sì che non abbia autostima, lui si comporterà di conseguenza. Il modo migliore per crescere i figli è quindi trattarli da adulti spiegando loro le cose, facendoli sentire grandi; in questo modo creeremo loro un'identità da adulti e si comporteranno come tali.

SEGRETO n. 26: l'identità non è che una nostra convinzione; riflette chi siamo, o, meglio, chi pensiamo di essere.

Ultimo livello è la **missione** (o spirito). Siamo quindi passati dall'esterno, dall'ambiente, a noi: ai nostri comportamenti, alle nostre capacità, alle nostre convinzioni, alla nostra identità e a qualcosa che va oltre noi. Lo spirito, però, non si identifica necessariamente con un concetto religioso. Per spirito, infatti, intendiamo qualcosa che va oltre la nostra persona; per qualcuno potrà essere Dio, per altri qualcosa di diverso, ad esempio il mondo cui si pensa di appartenere, la propria missione personale, un sistema dentro al quale si vive. Per me, ad esempio, è importante il mondo della formazione: il che non significa solo fare il formatore, ma implica un vero e proprio modo di essere.

In questo caso la missione personale è voler raggiungere l'obiettivo di una compiuta formazione, lo spirito è il mondo della formazione, l'identità sono io come formatore e così via; lo spirito, quindi, può essere sia un'aspirazione soggettiva che qualcosa di più ampio, può variare da persona a persona. Nelle aziende sarà qualcosa di molto concreto, la "mission"; in molti casi essa viene scritta, in modo da poterla trasmettere ai dipendenti, ai collaboratori. Se l'azienda ha chiara la sua direzione ed è allineata trasmetterà tutto questo alle persone che ci lavorano, e creerà un'identità anche in loro. Quindi, ad esempio, nella costruzione di un team di successo, quando hai a che fare con tante persone, la cosa migliore che puoi fare è lavorare su questi livelli; ti permetterà di prendere le decisioni più giuste anche in contesti difficili. Crea un ambiente giusto, falle formare e al tempo stesso crea loro un'identità; fa sì che si sentano parte di una famiglia, perché possano dire: «Io mi alzo la mattina e sono felice di andare a lavorare per la "nostra" azienda».

Quando sento persone che parlano della società di cui sono dipendenti definendola "la nostra azienda", pur essendo arrivati da poco o svolgendo mansioni non al livello dirigenziale, penso che i loro capi abbiano lavorato bene. Conosco un'azienda in cui viene fatta formazione anche ai parcheggiatori, perché il fine è farli sentire parte della famiglia e anche perché probabilmente sono i primi ad avere il contatto con i clienti; se già mentre parcheggi la macchina ti poni in uno stato d'animo positivo, entrerai ben disposto. Questo vuol dire aver fatto un ottimo lavoro a livello di allineamento e di direzione.

SEGRETO n. 27: lo spirito può essere un'aspirazione soggettiva come la propria missione personale: varia da persona a persona.

Nella tabella sottostante trovi una serie di interrogativi divisi per livello che ti aiuteranno ad allineare tutti i tuoi livelli con maggiore facilità.

LIVELLI LOGICI – ALLINEAMENTO:	
SPIRITO/MISSIONE	Al servizio di chi o di che cosa vuoi raggiungere il tuo obiettivo? Chi o cosa ti guida? Qual è la tua missione?
IDENTITÀ	Qual è il tuo ruolo nel raggiungere il tuo obiettivo? Chi sei tu? Cosa ti rende unico e straordinario come persona?
CONVINZIONI/VALORI	Perché vuoi raggiungere il tuo obiettivo? Di cosa sei convinto? Quali sono i tuoi valori? Cosa è importante per te nel raggiungere l' obiettivo?
CAPACITÀ	Quali sono le tue capacità per raggiungere il tuo

	obiettivo? Quali abilità ti rendono unico? Di quali risorse disponi?
COMPORTAMENTI	Cosa intendi fare per raggiungere il tuo obiettivo? Che comportamenti vuoi adottare? Qual è il tuo livello di impegno da 0 a 10? Quanto tempo dedichi per raggiungere il tuo obiettivo? In che modo sarai diverso dagli altri?
AMBIENTE	In che campo vuoi raggiungere il tuo obiettivo? In che luogo? Quando? In che momento della vita?

Lo schema dei sei livelli logici è stato creato da Robert Dilts, uno dei maggiori esponenti della Programmazione Neuro-Linguistica, autore di numerosi libri e allievo diretto di Bandler e Grinder negli anni '70; mi sono formato anche con lui e ho apprezzato moltissimo questo modello, di cui ho sperimentato personalmente il funzionamento.

Grazie ad esso si può lavorare su se stessi, sulla singola persona come nel caso del coaching, o sulle aziende, andando a verificare a quale livello sia il problema. Suggerisco anche a te di lavorare sempre e comunque su questi livelli e far sì che siano allineati alla direzione; quando hai un obiettivo e devi fare una scelta difficile, verifica che ci sia allineamento, oppure crealo con gli esercizi appositi che ti spiegherò.

Se il tuo obiettivo è dimagrire, per esempio, innanzi tutto dovrai lavorare sul nucleo e dire a te stesso: «Io *sono* una persona in salute e sono convinto che il mangiare sano mi faccia stare bene, mi dia più energia, mi faccia godere di più la vita». In questo modo tutto il resto sarà una conseguenza. Se agirai al contrario, smettendo di mangiare, non funzionerà, perché manterrai inalterate le tue convinzioni. Ugualmente, se vuoi smettere di fumare ma non ne sei convinto, non funzionerà.

Quando qualcuno mi chiede di aiutarlo a smettere di fumare, la prima domanda che gli faccio è: «Sei veramente convinto di voler smettere?» Se non è così, non ci lavoro, perché non voglio perdere tempo né far perdere tempo all'altra persona. Se la persona non dice a se stessa: «Io da oggi sono così, cambio la mia identità e mi comporto in una maniera nuova; ho nuove convinzioni e mi rendo conto che per me è più importante questo valore piuttosto che altri», cioè se non si assume la responsabilità dell'obiettivo, non lo raggiungerà o, comunque, non lo raggiungerà facilmente e in tempi brevi. Fondamentale, quindi, è anche il concetto di **responsabilità**.

È importante assumersi la responsabilità di raggiungere il proprio obiettivo e dedicarsi ad esso con il massimo dell'allineamento e della congruenza, seguendo la direzione scelta, su tutti i livelli.

SEGRETO n. 28: è importante assumersi la responsabilità di raggiungere il proprio obiettivo e dedicarsi ad esso con il massimo dell'allineamento e della congruenza, seguendo la direzione scelta su tutti i livelli.

Ad esempio, nell'ambito della formazione, nel quale io lavoro, si dà per scontato che se una persona non capisce un concetto non sarà colpa sua ma del coach, che, evidentemente, non si è spiegato bene. Occorre assumersi la responsabilità su tutti e sei i livelli: spirito/missione, identità, convinzioni/valori, capacità, comportamento e ambiente. Direttamente da Robert Dilts ho appreso un esercizio che faccio fare durante i miei corsi, finalizzato a creare allineamento tra i sei livelli. Te ne riporto una trascrizione, affinché ti sia più chiaro e lo possa poi svolgere agevolmente.

****

GIACOMO: Per dimostrare questo esercizio ho bisogno di un volontario; chi vuol partecipare? Alberto? Perfetto, facciamogli un applauso! Allora, Alberto, pensa a chi vuoi essere, a un obiettivo importante che intendi raggiungere. C'è? Se vuoi puoi dirlo e condividerlo con noi, ma non è necessario tu lo faccia.

ALBERTO: Sì, non ho problemi a dirlo; mi auguro di essere il miglior padre per i miei figli.

GIACOMO: Mi sembra un ottimo obiettivo, bene. In questo momento della tua vita, ritieni di star lavorando per raggiungere questo obiettivo? A che punto sei del tuo percorso? Qual è la situazione attuale?

ALBERTO: Visto che i miei gemellini nasceranno tra un po', sto lavorando su me stesso per raggiungere il risultato che desidero.

GIACOMO: Ah, ci sono dei gemellini in arrivo, bene, anzi ottimo! Mentre ti facciamo tanti auguri, iniziamo a dimostrare l'esercizio. Immagina che qui in terra ci sia una linea e che su di essa siano disegnati sei cerchi, corrispondenti ai sei livelli logici. Di fronte a te c'è un primo cerchio, quello dell'ambiente; a seguire vi sono quelli dei comportamenti, delle capacità, delle convinzioni e valori, dell'identità e, infine, dello spirito e missione. Il lavoro che ora faremo sarà quello di camminare lungo questa linea e verificare l'allineamento dei vari livelli.

Fai il primo passo e entra nell'ambiente; ora ti farò delle domande molto semplici. "Dove" vuoi raggiungere questo obiettivo? Ovvero, qual è l'ambiente in cui ti darai da fare per raggiungere questo obiettivo?

ALBERTO: Non è un solo ambiente, ma due ambienti distinti. Il primo è sicuramente casa mia, dove dovrò darmi da fare per curare i bambini; il secondo è l'ambiente di lavoro, dal quale cercherò di non farmi assorbire troppo, per continuare a essere un buon padre anche quando non sarò fisicamente al fianco dei miei figli.

GIACOMO: Bene; ora prova a calarti nel primo dei due ambienti, casa tua; immagina di essere lì e di osservare i tuoi figli che giocano, scorrazzano; entra proprio in questo ambiente, vivilo. Guardati mentre sei un buon padre in questo primo ambiente, in casa tua, e chiediti se è tutto a posto.

Ora passiamo a concentrarci sul secondo ambiente, ossia l'ambiente di lavoro, il tuo ufficio. Pensa a te stesso mentre sei un buon padre in ufficio e guarda ciò che fai. Un piccolo passo in avanti, entra nei comportamenti e, appunto, valuta i tuoi comportamenti in quell'ambiente: creati una serie di immagini. Ora, se vuoi, dimmi specificatamente cosa farai a casa, quindi nell'ambiente che hai visto per primo; ad esempio, come ti comporterai?

ALBERTO: Sicuramente la prima cosa che farò rientrando a casa sarà di cercarli; poi mi prenderò cura di loro, li cambierò, se sarà necessario.

GIACOMO: Torniamo al secondo ambiente, l'ufficio; come ti comporterai in quel contesto?

ALBERTO: Per prima cosa metterò le foto dei bambini sulla mia scrivania; in questo modo, ogni volta che le guarderò, penserò a loro e magari mi chiederò cosa stiano facendo in quel momento. Poi, durante la giornata, non appena ne avrò il tempo, chiamerò la mia compagna per chiederle come stanno. Sarà un modo di interessarmi a loro pur essendo in ufficio.

GIACOMO: Bene, questo per Alberto è il comportamento di un buon padre. Andiamo avanti; ora entra nel cerchio delle capacità. Di che capacità, di quali risorse pensi di aver bisogno per essere un buon padre?

ALBERTO: La risorsa più importante, che è l'amore per i miei figli, è già dentro di me. In più vorrei avere la capacità di far sì che sentano di poter sempre contare su di me: io sarò sempre accanto a loro.

GIACOMO: Bene; che altre risorse hai a disposizione per essere un buon padre?

ALBERTO: Avrò bisogno di tanti soldi, perché i bambini sono due, ma grazie al Cielo ce la posso fare!

GIACOMO: Avrai bisogno del supporto di altre persone nel percorso verso la realizzazione del tuo obiettivo?

ALBERTO: Sicuramente sì, soprattutto per i primi tempi.

GIACOMO: Intendi i primi mesi?

ALBERTO: Sì; ho letto qualcosa sui gemelli e, a questo punto, sono esterrefatto! Più che altro sono spaventato per ciò che mi aspetta; spero di avere abbastanza forza per affrontare tutto questo.

GIACOMO: Se dici che speri di avere abbastanza forza, vuol dire che dai per scontato di avere comunque una risorsa di forza cui attingere! Ora facciamo un altro passo, andiamo avanti; entriamo nelle convinzioni e valori. Che convinzioni hai o devi acquisire per essere un buon padre?

ALBERTO: Innanzitutto sono convinto del fatto di dover creare per i miei bambini un ambiente più sano possibile; scevro dalle mie preoccupazioni, magari legate all'ambiente di lavoro o che avrò nei loro confronti, per non influenzarli negativamente. Inoltre sono convinto di dover raccogliere tutte le mie energie per fare qualunque tipo di attività per loro; magari mi stancherò, ma ne trarrò beneficio anch'io, perché saprò di star sacrificando me stesso per le persone che amo.

GIACOMO: Perché è importante per te essere un buon padre?

ALBERTO: È importante perché a loro verrà naturale "modellarmi"; modellare gli adulti, infatti, come tu mi insegni, è l'attività prevalente dei bambini. Quindi dovrò adottare i comportamenti migliori e gli atteggiamenti più sani; inoltre vorrei inserirli in un contesto più ampio che non sia quello di casa, far vivere loro il mondo, ma restando sempre per loro un punto di riferimento.

GIACOMO: Perfetto; e dal punto di vista dei valori, perché è importante essere un buon padre?

ALBERTO: Questa è una domanda molto difficile alla quale rispondere, perlomeno in questa fase. Sicuramente il valore è l'intenso amore che provo per loro ed io sarò lo strumento per far sì che crescano al meglio. Vorrei trasmettere loro in eredità tutto ciò che sono, tutto ciò che ho costruito nella mia vita; spero sia abbastanza.

GIACOMO: Bene, facciamo un altro passo sulla linea della vita, entriamo nell'identità. Per te è importante essere un buon padre, ma tu, chi sei?

ALBERTO: Un buon padre, anzi, il miglior padre di questa terra!

GIACOMO: Bene; cos'altro puoi dirmi su di te?

ALBERTO: Caratterialmente propenderei per l'aggressività, ma mi sforzo di essere abbastanza assertivo. Infatti, essendo un capo d'azienda e avendo un bel po' di collaboratori alle mie dipendenze, devo cercare di mediare e di far collimare le esigenze di tutti. Cerco di essere tollerante per capire le loro difficoltà;

tuttavia, quando non ci riesco e non faccio in modo di risolvere i problemi dell'azienda che rappresento, prende il sopravvento l'aggressività, che si manifesta nell'autorevolezza. Io sono il capo di questa azienda: non sono megalomane, è semplicemente una constatazione.

GIACOMO: Bene; ultimo passo ed entriamo nello spirito e missione; cosa c'è che va oltre te, la tua identità? Cosa c'è di più importante, di immenso?

ALBERTO: Io sono cattolico e praticante; credo in un essere superiore in grado di mettere riparo a ciò che gli uomini maldestramente rovinano. La religione è un elemento di guida per me; però, a volte, mi trovo ad essere contraddittorio, e pur essendo credente, faccio alcune considerazioni critiche nei confronti della mia religione. Ad esempio ritengo che i dieci comandamenti siano anacronistici, non perché esistano da più di 2000 anni ma perché è difficile trovare chi ancora li segua. Sicuramente la mia missione sarà quella di creare una connessione presente e incisiva, pur se intangibile, con i miei figli e con il nucleo affettivo che è intorno a me.

GIACOMO: Quindi, anche nel contesto dello spirito e missione, essere un buon padre per te è molto importante. Ora che siamo arrivati qui, torneremo indietro, facendo il percorso inverso. Alberto ripercorrerà a ritroso i vari livelli, portando con sé tutto ciò che ha appreso su se stesso, tutto ciò che ha estratto nel suo cammino; quindi partiremo dallo spirito e missione per terminare al livello dell'ambiente. Farai un passo indietro alla volta, in modo da riallineare ogni livello al successivo e creare una continuità tra tutti e sei i livelli.

Bene, cominciamo; ora, tenendo presente tutto ciò che hai visto nel livello dello spirito, ovvero la grande missione per cui stai vivendo, rientra nella tua identità di padre: vediti come padre. Lascia fluire immagini, sensazioni, portando con te tutto quello che hai appreso nello spirito. Bene, un altro passo indietro e arriviamo alle convinzioni e valori; osserva, dal punto di vista delle tue convinzioni e dei tuoi valori, tutto ciò che hai appreso nei livelli dello spirito e dell'identità; renditi conto di quanto è importante per te tutto ciò che hai appreso, perché questo è il nucleo nel quale vivi e che stai vivendo per te e la tua famiglia.

Un altro passo indietro e arriviamo alle capacità. Porta dentro di te tutto ciò che hai visto, che hai provato, che hai sentito nei livelli del "nucleo"; ora allinea tutto, ritrova la tua forza, il tuo coraggio, le tue capacità, le tue abilità, le tue risorse per raggiungere l'obiettivo che desideri conquistare.

Arriviamo ai comportamenti; ora che conosci i livelli del nucleo, devi comportarti di conseguenza. Non solo vuoi essere un buon padre per te stesso, ma soprattutto per i tuoi figli, a loro beneficio. Per essere un buon padre devi avere le convinzioni e i valori di cui abbiamo parlato: ora portali nei tuoi comportamenti, agisci sempre congruentemente, e resta allineato agli altri livelli anche mentre ti trovi nei vari ambienti che vivi ogni giorno. Comportati come sai di dover fare secondo le capacità, le convinzioni e valori, l'identità, lo spirito e missione che hai. Ora dimmi, come ti senti?

ALBERTO: Il miglior padre di questo mondo!

GIACOMO: Perfetto; facciamogli un applauso. Grazie!

****

In questa dimostrazione l'esercizio è stato svolto con grande efficacia; dovrebbe essere effettuato in circa venti minuti anche se Robert Dilts, andando molto nello specifico, nel dettaglio, fa sì che duri anche più di un'ora. Tuttavia credo che la PNL sia fatta per essere efficace in tempi brevi; questo non significa svolgere un esercizio in tre minuti, perché sarebbe svolto superficialmente e non sortirebbe l'effetto voluto. È opportuno impiegare un tempo medio; come dicevo, venti minuti sono il miglior compromesso tra la necessità che l'esercizio sia svolto celermente e che, però, risulti efficace. Nei miei corsi faccio rifare lo stesso esercizio a coppie, identificando un obiettivo che si ritiene importante e allineandosi; ma può essere eseguito senza alcun problema anche da soli, per iscritto, come ti invito a fare, semplicemente rispondendo a delle domande. Inoltre può essere ripetuto più volte, volendo, anche una volta al mese.

Così facendo, con l'aiuto della Programmazione Neuro-Linguistica, ti "programmerai" ad essere sempre congruente, a comportarti in un modo non casuale, influenzato dalle circostanze, dall'ambiente, quindi non penserai più: «Oggi c'è maltempo, mi sento nervoso: è naturale che mi comporti male», oppure «In questo ufficio fa freddo, quindi oggi non faccio nulla»; quanto, piuttosto: «Credo in questi valori, sono una certa persona, credo in qualcosa che va oltre me e mi comporto di conseguenza».

Nel prendere decisioni, facciamoci influenzare dal nostro nucleo, dai nostri valori, dalle nostre convinzioni, piuttosto che dall'esterno, dagli altri, dall'ambiente. Queste sono le basi dell'allineamento, e quello che ti ho proposto è l'esercizio fondamentale per riuscire ad allinearsi; svolgendolo arriverai ad un risultato eccellente: ti renderai conto che non sarà più un peso metterti a dieta, raggiungere un obiettivo, fare il formatore, parlare in pubblico. Sì, perché nulla è più un peso quando lavoriamo bene su spirito, identità e convinzioni, allineando ad essi i livelli più bassi. L'esercizio è molto semplice, anche se vuoi farlo eseguire a un'altra persona. Fai immaginare all'altro una linea dove siano collocati i sei livelli, ogni passo è un livello; fallo camminare e fagli domande a cui rispondere.

«In quale ambiente, "dove", vuoi raggiungere il tuo obiettivo? Cosa fai, ovvero come ti comporti? Immaginati mentre ti comporti così, realizzando il tuo obiettivo. Che capacità devi avere per farlo? Quali sono le tue convinzioni, i tuoi valori, una volta perseguito l'obiettivo? Chi sei tu? Per quale motivo vuoi realizzare questo obiettivo? Cosa c'è oltre a te, di superiore a te?» E così via. Poi si torna indietro e si fa un'altra passeggiata per fissare ancora di più l'allineamento. È un esercizio efficacissimo che ti consiglio caldamente di svolgere. Anche io molto spesso l'ho fatto da solo, proprio perché non sempre si ha a disposizione un'altra persona: un coach costa e una fidanzata, una moglie, un marito, sono troppo vicini per aiutarti a fare questo esercizio con la necessaria tranquillità.

Quindi l'ideale alla fine è farlo da soli, anche per prendersi i tempi che si ritengono giusti. Ognuno di noi sente quando è il momento di fare il passo in avanti; a volte, ovviamente, è anche bello e piacevole essere guidati, soprattutto all'inizio quando non si conosce bene l'esercizio. Nei miei corsi, infatti, lo faccio eseguire a coppie più volte, invertendo i ruoli in modo da sperimentarlo sia come clienti sia come coach. Al tempo stesso, questo tipo di lavoro è molto personale perché si lavora su se stessi, e in PNL crediamo che l'unico modo per stare bene con gli altri sia stare bene con se stessi. Se sei allineato sui tuoi livelli comunicherai con gli altri in maniera allineata e quindi congruente; chi ti vedrà, potrà dire: «Quella è una persona congruente, nel lavoro, nella famiglia, con gli amici». Anche io faccio quello che insegno, altrimenti non ci sarebbe congruenza, e il modo migliore per abituarsi a farlo è lavorare su questi livelli con l'esercizio che ti ho proposto.

Se vuoi fare l'esercizio scritto inserisci i livelli in sei caselle e seleziona l'obiettivo, che sia abbastanza profondo, importante; un modo di essere, una persona che vuoi diventare, un aspetto di te che vuoi curare e migliorare; magari, come nella dimostrazione, essere un buon padre. Una volta mi hanno chiesto se un obiettivo come "Voglio cambiare macchina" possa essere accettabile; in linea generale, puoi fare l'esercizio su tutto, male non fa. Verifica, però, che il fatto di comprare la macchina sia congruente con la tua identità. Poniamo che tu, pur essendo diciottenne, possa comunque comprare una macchina lussuosa e potente come una Ferrari, perché sei molto ricco di famiglia; però potresti decidere di non farlo, perché, magari, hai la convinzione che alla tua età sia sciocco andare in giro con una macchina del genere e non vuoi trasmettere agli altri l'immagine di un ragazzino viziato.

È quindi un lavoro che si può fare comunque, che ha la sua validità su qualunque obiettivo; ovviamente, più è importante l'obiettivo, più sarà consigliabile farlo. Quando sei allineato e comunichi in maniera congruente la gente ti seguirà, perché saprà che vali come persona; anche in qualità di leader, saprà che prendi decisioni congruenti e si fiderà di te. Il leader conquista l'autorevolezza che ha comportandosi sempre in modo congruente. Chi cambia comportamento ogni giorno non trasmette la sicurezza, l'autorevolezza, il fascino che sono propri di un leader.

Spesso, quando non c'è allineamento tra i vari livelli, avviene l'auto-sabotaggio. Quando si parla di formulazione degli obiettivi di solito si affronta anche questo problema, ovvero il voler raggiungere un obiettivo, avendo però una parte di sé che non lo vuole: «Voglio smettere di fumare, però sto bene quando fumo»; «Voglio diventare ricco, però poi penso che i ricchi siano troppo invidiati dagli altri, non abbiano amici, siano circondati da persone false». Le tue convinzioni possono addirittura impedirti di raggiungere l'obiettivo. Questo è uno degli aspetti più trascurati, quando si formula un obiettivo, perché si pensa che l'unica cosa importante sia averne uno; ma non è così, perché le convinzioni contrastanti possono creare problemi tali da non permettere di realizzarlo.

Spesso nei corsi dedicati al successo finanziario i partecipanti prendono consapevolezza di molte convinzioni limitanti sulla ricchezza, come ad esempio: "I soldi sono sporchi" o "Quando qualcuno diventa ricco rischia di non avere più amici", o "Per diventare ricchi bisogna rubare". Le abbiamo ereditate inconsapevolmente, e possono frenare notevolmente il nostro impegno nel raggiungere le mete che ci prefiggiamo.

SEGRETO n. 29: quando non c'è allineamento tra i livelli si tende ad auto sabotarsi; mentre una parte di sé vuol raggiungere l'obiettivo, l'altra non lo vuole, e questo conflitto impedisce di muoversi in qualsiasi direzione.

RIEPILOGO DEL GIORNO 5:

- SEGRETO n. 22: l'ambiente, pur essendo il livello più esterno, può essere un fattore più importante di quanto si possa immaginare sul quale lavorare.

- SEGRETO n. 23: il comportamento può favorirti o limitarti; se non cogli le occasioni per pigrizia, se non vuoi agire, non andrai da nessuna parte.

- SEGRETO n. 24: le capacità sono le tue abilità, ciò che sai fare; seppure fossi messo nelle migliori condizioni per raggiungere il tuo obiettivo, senza le giuste capacità non arriveresti a niente.

- SEGRETO n. 25: convinzioni e valori sono le cose in cui crediamo; sono sullo stesso piano perché entrambi ci motivano ad agire.

- SEGRETO n. 26: l'identità non è che una nostra convinzione; riflette chi siamo, o, meglio, chi pensiamo di essere.

- SEGRETO n. 27: lo spirito può essere un'aspirazione soggettiva come la propria missione personale: varia da persona a persona.

- SEGRETO n. 28: è importante assumersi la responsabilità di raggiungere il proprio obiettivo e dedicarsi ad esso con il massimo dell'allineamento e della congruenza, seguendo la direzione scelta su tutti i livelli.

- SEGRETO n. 29: quando non c'è allineamento tra i livelli si tende ad auto sabotarsi; mentre una parte di sé vuol raggiungere l'obiettivo, l'altra non lo vuole, e questo conflitto impedisce di muoversi in qualsiasi direzione.

GIORNO 6:

STABILIRE LA TUA DIREZIONE

Per affrontare scelte difficili e *segnare* il percorso della nostra vita, è importante avere chiara la direzione e formularla nella maniera più giusta, ma non sempre è semplice e intuitivo farlo. Cosa vuol dire "formulare bene la direzione"? In PNL sono stati svolti degli studi sulle caratteristiche che debba avere un obiettivo per poter essere considerato ben formulato. Spesso, ad esempio, alcuni clienti con i quali faccio coaching ovvero sessioni individuali mi dicono: «Giacomo, io voglio cambiare lavoro». Questo non è un obiettivo ben formulato, perché la persona che se lo prefigge ha chiaro ciò che *"non* vuole" più fare, ma non sa ciò che vuole fare; ossia, non ha l'alternativa. Non sa dove vuole andare; non riesce a prendere una decisione concretamente realizzabile, ed è forse per questo che la sente come molto difficile.

A questi allievi rispondo: «*Non* vuoi più fare questo lavoro? D'accordo; allora cosa vuoi fare? Dove vuoi andare? Qual è la direzione che vuoi prendere? La persona sa dove *non* vuol più stare, ma non dove si vuol dirigere. Se qualcuno mi dice: «Basta! *Non* voglio più stare a Roma», io rispondo: «Bene; ma dove vuoi andare? A Milano? A Palermo? A New York?» La direzione deve dirti "verso" quale traguardo vuoi andare e non "via da" cosa. Via da Roma, via dal problema, via dal vecchio lavoro: ma verso cosa? Verso un obiettivo ben preciso, chiaro; e ciò è tanto più vero in presenza di scelte difficili.

Immagina un punto che rappresenta il tuo stato attuale, ossia dove sei adesso, e un altro che rappresenta il tuo obiettivo. Quando hai due punti hai una direzione, c'è una retta che li unisce; sai da dove parti e dove vuoi andare. In questo modo avrai gli strumenti per rendere semplice una scelta che ti appare difficile ed arrivare al risultato desiderato.

Ma se hai solo il punto di partenza, ossia se sai dove non vuoi più stare ma non sai dove ti vuoi dirigere, il tuo obiettivo non è ben formulato. Infatti una delle caratteristiche principali di un obiettivo ben formulato è che sia espresso in **positivo**: «Voglio fare questo» anziché: «*Non* voglio più fare questo» . Quindi, se una persona si rivolge a me dicendomi: «*Non* voglio più lavorare in questo settore», io le domando: «Va bene; allora dove vuoi lavorare?»; cerco di spostare il suo focus, la sua attenzione dal "*non* obiettivo" all'obiettivo vero.

Questo perché, anche da un punto di vista neuro-linguistico, il cervello recepisce solo le parole positive; o meglio, afferra una parola alla volta e la trasforma in immagine. Quindi, se io affermo: «*Non* voglio più stare a Roma», nella mia mente si creerà un'immagine di Roma o di me che sto a Roma. In pratica, la parola "*non*" non viene percepita, non corrisponde a nessuna immagine. Qualunque affermazione farò, preceduta da "*non*", otterrò l'effetto opposto: il mio focus mentale sarà esattamente dove *non* voglio andare. Focalizzarsi sull'aspetto positivo significa invece affermare: «Voglio andare a Genova».

SEGRETO n. 30: un obiettivo ben formulato è espresso in positivo e, cioè, dice ciò che una persona vuol fare e non ciò che *non* intende fare.

L'obiettivo ben formulato deve inoltre essere **misurabile**, ovvero specifico, chiaro e ben definito. Per esempio, se l'obiettivo è "dimagrire", occorre chiedersi non solo "di quanto" si vuol dimagrire, ma anche "entro quanto tempo" si intende raggiungere il peso desiderato. Infatti, dire: «Voglio dimagrire di dieci chili», pur se rende l'obiettivo maggiormente specifico, comunque non basta; è necessario anche fissare una scadenza temporale. «Non voglio più essere grasso» quindi, non è un obiettivo ben formulato perché non è specifico e in più pone il focus sull'essere in sovrappeso anziché sul dimagrimento. Per trasformarlo in positivo dovremmo dire: «Voglio ritrovare la forma ideale; voglio dimagrire», e per renderlo specifico e determinato anche dal punto di vista temporale, aggiungere: «Voglio arrivare a perdere dieci chili entro sei mesi».

Il termine "misurabile", infatti, indica la presenza di dati specifici e concreti che facciano capire che si è raggiunto l'obiettivo. Per esempio, nel caso della dieta, un obiettivo in base al quale si voglia dimagrire di dieci chili entro un dato tempo contiene dati certi, che permettono di verificare il raggiungimento dell'obiettivo. Ugualmente, se un venditore mi dice: «Voglio aumentare il mio fatturato» basta calcolare quello attuale e fissare un fatturato superiore, una specifica che si decide di prendere come meta da raggiungere. Fin qui è facile. Ma quando una persona si rivolge a me e dice: «Io voglio essere più felice» o peggio: «Non voglio più essere triste», come faccio a rendere l'obiettivo misurabile? Bisogna fare delle domande precise, ad esempio: «Mi hai detto che non vuoi essere più triste, ma come vuoi sentirti?», «Concretamente, come farai a sapere di essere felice?». Una possibile risposta potrebbe essere: «Mi renderò conto di essere felice quando avrò tanti amici e più tempo libero per me».

Poiché "felicità" è una nominalizzazione, ossia un termine generico, astratto, che non vuol dire nulla, ognuno di noi gli attribuirà delle specifiche; per qualcuno felicità vorrà dire avere tanti amici e più tempo libero, per altri incontrare la donna dei propri sogni e avere con lei dei bambini. Ognuno ha le sue idee. Quindi, con delle domande che puoi porre a te stesso, al tuo cliente o a un tuo amico, puoi rendere misurabile e specifico l'obiettivo e dargli una scadenza temporale: «Entro quanto tempo vuoi avere più amici?», «Come farai ad averne di più?» E, in tal modo, puoi specificare i singoli settori che per lui compongono la felicità. Nel corso *"Obiettivi"* tutti questi argomenti vengono analizzati dettagliatamente, ma è fondamentale capire come fissare la propria direzione. Questo è, infatti, l'unico modo per programmarsi al successo: avere chiara la direzione, sapere dove si sta andando e vivere con allineamento il proprio percorso.

SEGRETO n. 31: un obiettivo è misurabile se contiene dati specifici e concreti che permettano di capire che è stato raggiunto.

Inoltre, perché possa dirsi ben formulato, un obiettivo deve mantenere i **vantaggi secondari** dello stato attuale, ovvero i benefici legati alla precedente situazione. Se, ad esempio, l'obiettivo è smettere di fumare, sarà necessario supplire in qualche modo ai vantaggi secondari che, come tutti sappiamo, il fumo procura; i fumatori li conoscono bene, anche se non sempre ne sono consapevoli: il rilassamento, il legame con un gruppo ed altre utilità. Per lo stesso principio, se decidiamo di intraprendere una dieta, dobbiamo tenere conto dei vantaggi secondari che ci procura il mangiare, sia pure in modo incontrollato. Ad esempio, la gratificazione ed il senso di benessere associato ad alcuni cibi, come la cioccolata.

Per essere sicuro di raggiungere l'obiettivo che ti sei prefissato analizza, quindi, quali vantaggi ti procura il tuo stato attuale, a cosa dovresti rinunciare abbandonandolo e cosa succederebbe se non raggiungessi il risultato. Sarebbe troppo facile, tuttavia, auto sabotarsi e non portare avanti la propria decisione a causa dei "vantaggi secondari nascosti". Se vuoi smettere di fumare, ma lo stato attuale soddisfa comunque il tuo bisogno di rilassamento, chiediti in che altro modo puoi soddisfarlo. Magari con un hobby che ti piaccia, che ti diverta.

Spesso, infatti, per smettere di fumare si comincia a mangiare. Non è vero, come molti sostengono, che "smettere di fumare fa ingrassare". Non è una questione ormonale e chimica bensì mentale: si mangia per soddisfare in qualche modo il vantaggio secondario che il fumo ci assicurava. Bisogna inoltre distinguere tra obiettivi "ottenibili" e obiettivi "non ottenibili". Quelli non ottenibili sono semplicemente fuori dalla tua responsabilità; se dici: «Voglio perdere venti chili in una settimana» ciò sarà chiaramente impossibile, come ti dirò meglio tra poco. Un po' diverso è il caso degli obiettivi che sono sì ottenibili, ma che poi risultano non sostenibili: in quest'ultimo caso puoi proporti un obiettivo possibile, ottenerlo, ma poi non riuscire a sostenerlo per lungo tempo.

A monte di ciò, poi, c'è il problema della sofferenza, dello sforzo per ottenere il risultato. Se cercassimo ed ottenessimo il risultato del rilassamento con il fumo, ciò sarebbe sostenibile alla lunga? Si può fumare tutta la vita? Forse sì, ma rischiando malattie gravissime e affaticando enormemente il nostro apparato respiratorio. A breve termine vediamo un vantaggio, ma a lungo termine solo tanto dolore. Ecco perché Robbins dice: «Attenzione al binomio piacere e dolore» perché, nella maggior parte dei casi, le nostre dipendenze ci portano un piacere immediato e sofferenza a lungo termine, e questo non va bene. Ecco perché è importante gratificarsi in ogni piccolo passo che si compie verso l'obiettivo, in modo da associare piacere alla rinuncia. Ogni volta che il fumatore rinuncia a una sigaretta dovrebbe dirsi quanto è stato bravo, associando così al non fumare un piacere immediato, istantaneo. Usa, quindi, lo stesso meccanismo al contrario, volgendolo a tuo vantaggio.

Se trascuri ciò, rischierai di non raggiungere mai l'obiettivo; ci sarà sempre una voce interiore, o una convinzione, che ti farà tornare indietro, che non ti permetterà di staccarti dalla sigaretta, dal dolce o da qualsiasi altro stato attuale. Quando, ad esempio, tengo corsi sul benessere finanziario mi scontro sempre, come ho già detto, con alcune convinzioni sulla ricchezza, trasmesse dalla cultura e radicate nei partecipanti. Da sempre si dice che i soldi sono sporchi, che i ricchi sono persone sole, che per diventare ricchi bisogna rubare, che si provoca l'invidia degli altri, che si perdono gli amici, che ci si circonda di persone false.

Se una persona ha queste convinzioni, e magari non ne è neanche consapevole, pur avendo l'obiettivo di diventare ricca e guadagnare un milione di euro, tenderà ad auto sabotarsi. Lo farà perché dentro di sé avrà la convinzione che se diventerà ricca avrà dei problemi, perderà gli amici e resterà sola. La stessa cosa avviene per il successo. È opinione diffusa che le persone di successo abbiano pochi amici. C'è quindi chi preferisce abbassare i propri standard al livello di quelli degli altri, piuttosto che alzarli e correre il rischio di rimanere da solo.

Chiediti, quindi, quali sono le tue paure e quali i vantaggi nel rimanere nello stato attuale; perché se non sei assolutamente convinto, o se hai paura di perdere qualcosa o di non poter più soddisfare i tuoi bisogni, rischi di non raggiungere mai il tuo obiettivo.

SEGRETO n. 32: l'obiettivo deve mantenere i vantaggi secondari dello stato attuale, ovvero i benefici legati alla precedente situazione.

Altra caratteristica fondamentale di un obiettivo ben formulato è, come ho accennato prima, la **responsabilità.** Cosa vuol dire essere responsabili del proprio obiettivo? Se il tuo obiettivo è sposare Angelina Jolie potrebbe non essere realizzabile, perché la sua realizzazione non dipende soltanto da te ma anche da un'altra persona. Ragiona quindi su ciò di cui tu sei direttamente responsabile, ciò che dipende esclusivamente da te e dalla tua voglia di fare; e se per il raggiungimento del tuo obiettivo hai bisogno di altre persone, cerca di capire se hai la possibilità di far sì che esse effettivamente collaborino, ti supportino. Quindi, valuta anche la possibilità che altre persone collaborino al raggiungimento del tuo obiettivo. Per esempio se è vero che essere un buon genitore dipenderà anche dall'aiuto che possono dare il partner o gli stessi figli, dovrai anche chiederti in che modo tu puoi far sì che i tuoi figli contribuiscano a farti essere un buon genitore. Alcune cose dipendono solo da te: ma puoi comunque influenzare quelle che dipendono da altre persone.

SEGRETO n. 33: perché un obiettivo sia concretizzabile con successo devi potertene assumere la responsabilità; se hai bisogno di altre persone, fa sì che collaborino e ti supportino.

Infine, un obiettivo ben formulato deve essere **ecologico**. Deve cioè essere rispettoso *non* dell'ambiente, ma di se stessi, della propria persona, dei propri valori, del proprio fisico; se il tuo obiettivo è fare il formatore e per realizzarlo devi lavorare venti ore al giorno, non rispetterai la tua vita, i tuoi valori, la tua famiglia e neanche la tua salute. Perseguire un obiettivo in modo ecologico, quindi, vuol dire rispettare se stessi: non abusare delle proprie energie e non forzare i propri valori. Bisogna infatti riconoscere i propri limiti. Se un certo obiettivo per adesso non è alla tua portata, vuol dire che lo realizzerai in un tempo più lungo; ugualmente, se per raggiungerlo devi violare i tuoi valori, la tua etica, significa che non è un buon obiettivo e in questo caso dirai: «Non è ecologico, non fa per me; non così». Sicuramente troverai un'altra soluzione, ma non dimenticare di rispettare il tuo fisico, i tuoi valori, la tua mente.

SEGRETO n. 34: un obiettivo sarà ecologico se rispettoso della tua persona, ossia non solo del tuo fisico ma anche dei tuoi valori.

Stabilisci quindi la tua direzione, la tua missione personale. La mia, ad esempio, è migliorare nel settore della crescita personale e diffondere a più gente possibile tutto quello che conosco, quindi dare il mio contributo. Per agevolarti, ti riporto un'idea che ho già citato varie volte nella guida e che spesso si ritrova nei libri di formazione personale: immagina di essere un ottantenne e di guardare indietro, alla tua vita passata; chiediti cosa hai realizzato, che valori hai trasmesso ai tuoi figli, che ricordo di te lascerai agli amici.

Da quel punto di vista, che ti permette di avere una visione completa della tua vita già trascorsa, puoi guardare indietro e dire: «Vorrei aver realizzato anche questo obiettivo, aver dedicato meno tempo al lavoro e più alla famiglia». Trovo sia il modo migliore per immedesimarsi, guardare indietro e decidere che direzione si vuole dare alla propria vita.

È possibile, infatti, che una persona si ponga tanti obiettivi e che li raggiunga con grandi sforzi, impiegando anni, per poi rendersi conto che non è soddisfatta di ciò che ha costruito. Una frase che amo ripetere durante lo svolgimento dei miei corsi è: «Se devi risalire la scala del successo, fai in modo che sia appoggiata sulla parete giusta»; potresti renderti conto che quella sulla quale ti sei appoggiato per anni non era la parete che ti interessava davvero. La seguente griglia ti potrà essere utile allo scopo di porti le giuste domande e focalizzare gli obiettivi per te più conducenti.

OBIETTIVO BEN FORMULATO	DOMANDE DI VERIFICA
ESPRESSO IN POSITIVO	Cosa vuoi? Quando? Perché? Con

	chi?
MISURABILE	Quale risultato dovrai ottenere o quale evento si dovrà realizzare perché tu capisca di aver raggiunto il tuo obiettivo? Entro quanto tempo intendi realizzarlo?
VANTAGGI SECONDARI	Il raggiungimento dell'obiettivo ti permetterà di mantenere i vantaggi legati al tuo stato attuale? Se no, in che altro modo potrai soddisfarli?
RESPONSABILE	Hai i mezzi per raggiungerlo? Dipendono da te? Che risorse hai? Se hai bisogno di collaborazione, pensi di poter coinvolgere altre persone e contare sul loro aiuto?
ECOLOGICO	L'obiettivo rispetta la tua salute? È conforme alla tua identità, ai tuoi valori?

La direzione è fondamentale, per comunicarla agli altri e per vivere con coerenza, congruenza ed essere allineati. Con questo esercizio, sarà più facile capire quale direzione vuoi dare alla tua vita, stabilire degli obiettivi formulati bene, a breve, medio e lungo termine. Fissa i punti sulla tua retta: oggi sei qui, domani dove vuoi arrivare? Non vivere a caso, non lasciare che siano gli altri o l'ambiente a decidere come ti senti ogni giorno; ma stabilisci una rotta, e seguila.

Una volta fissata, il cervello lavorerà in automatico, non ci sarà bisogno di rileggere ogni giorno la tua direzione perché il cervello, una volta programmato, continuerà da solo. Ti è mai capitato di dover cambiare macchina, scegliere il modello, per esempio la "Mini", e improvvisamente vederla dappertutto: nel garage del vicino, all'angolo sotto casa, al semaforo e via di seguito? Funziona così, quando ti interessa una cosa il cervello improvvisamente si focalizza e ti porta a notarla di più: è la famosa legge di attrazione di cui parla il best-seller "La Nuova Legge di Attrazione", di cui sono coautore.

Ad esempio ultimamente mi serviva trovare una filiale di una catena di agenzie di viaggio, ma, per quanto la cercassi, non riuscivo a individuarla; quando me l'hanno indicata, mi sono accorto che ne avevo un'infinità sotto gli occhi. Quando le cose ci interessano davvero, ci focalizziamo su di esse e improvvisamente le notiamo. Ecco perché, tornando ai livelli, se sei coerente, saprai esattamente dove stai andando, e se ti capiterà una buona occasione te ne accorgerai subito, perché il cervello sarà più focalizzato e coerente alla tua direzione.

Quindi, se io so che la mia missione è la crescita personale e la sua diffusione e mi viene proposto di lavorare in questo ambito, accetterò con entusiasmo, perché è un'attività che va nella mia stessa direzione, mi aiuta a raggiungere il mio obiettivo.

Se sei già focalizzato sul tuo obiettivo e nel tuo ambiente ti capita un incontro fortuito, lo sfrutti; non potresti fare il contrario. Invece, se ti capita un'occasione anche ottima, ma non hai la più pallida idea di chi sei, di cosa stai facendo, di quali sono i tuoi valori, allora non la coglierai. Già farsi chiarezza, avere una direzione precisa e poi allinearla, fa una grande differenza. Te ne renderai conto nei prossimi giorni, quando ti capiteranno coincidenze, conoscerai persone che magari ti parleranno proprio di quello che stai leggendo in questa guida.

Ricordo la prima volta che ho fatto questo tipo di esercizi, in particolare quello sulla formulazione degli obiettivi, rispettandone tutte le caratteristiche. Poi non ci ho più pensato. Dopo quasi un anno, in un'altra sessione, ho incontrato una persona con cui avevo frequentato quel primo corso sugli obiettivi, che mi ha subito chiesto: «Allora, hai cambiato casa?» e io, che effettivamente lo avevo appena fatto, ho risposto: «Sì, ma come puoi saperlo tu? Non mi vedi da un anno!» E lui: «Non ricordi? Avevamo fatto l'esercizio insieme e il tuo obiettivo era quello di cambiare casa». Io non me ne ricordavo assolutamente, ma in qualche modo mi ero programmato inconsciamente a raggiungere quell'obiettivo, e l'ho fatto.

Quando sono tornato a casa sono andato a cercare il quaderno degli appunti di quel corso, e ho ritrovato l'esercizio; il mio obiettivo era veramente "cambiare casa entro un anno". L'altro obiettivo che avevo espresso in quell'occasione era "diventare formatore", e già facevo il formatore da sei mesi; in un arco temporale breve, quindi, si erano realizzati due obiettivi importantissimi su cui la mia mente, programmata una sola volta, si era orientata poi da sola.

Questi sono meccanismi cerebrali che la PNL ha semplicemente studiato, adattandosi al funzionamento del cervello e non viceversa. Allo stesso modo, nel libro *"Lettura Veloce 3x"* viene spiegato che le mappe mentali sono un modo di schematizzare basato sul funzionamento del cervello; si impara, quindi, un modo diverso di prendere appunti, che ci aiuta ad adattarci ai meccanismi cerebrali anziché forzare il cervello a schemi che non riconosce.

Imparando a capire i meccanismi che orientano le tue scelte, prendere decisioni coerenti ed efficaci diverrà per te molto più semplice. La differenza tra i miei corsi e quelli di motivazione frequentati da 200 persone, con prove speciali come i carboni ardenti, è che in quel caso la motivazione dura un paio di giorni, cioè il tempo del corso; serve a dare uno scossone, però poi finisce lì. Nei miei corsi, in un certo senso, avviene il contrario; ti offro delle basi solide, su cui poi costruirai tutta la tua vita.

È stato così per me: quindi so cosa vuol dire, e te ne renderai conto già dopo la lettura di questa guida. Come dico sempre ai miei corsisti al termine del fine-settimana di lavoro: «Il vero corso comincia da domani, quando affronterete la vita reale e dovrete concretizzare tutto ciò che avete appreso».

Quando sarai in ufficio, alle prese con i problemi di tutti i giorni, con i colleghi che ti infastidiscono, che hanno da ridire, che comunicano male, allora ti potrai rendere conto se davvero riesci a comunicare in maniera diversa, ad esprimere i tuoi valori e la tua direzione. Non aspettarti quindi una "scarica elettrica" da questo esercizio, sarà semplicemente un lavoro di autoconsapevolezza, che però cambierà il tuo futuro.

SEGRETO n. 35: una volta stabilita una rotta e focalizzato un obiettivo, il tuo cervello lavorerà in automatico per raggiungerlo.

Ti chiedo ora di prenderti un quarto d'ora per scrivere la tua missione personale, che dovrà essere espressa in positivo. Quindi: «Vedo che alla fine della mia vita avrò realizzato questo, saranno coinvolte queste persone, avrò lasciato questi valori in cui credo agli amici e ai parenti» e non: «*Non* voglio più essere così». La missione, a differenza dell'obiettivo, non ha una scadenza temporale: l'importante, però, è che sia formulata in termini molto concreti. Non pensare che sarà una cosa facile scrivere la tua missione; stiamo parlando probabilmente della cosa più importante della tua vita. Bene, è fondamentale che venga di getto, che non sia troppo meditata.

In uno dei miei corsi mi è stato chiesto se venga prima la direzione o l'allineamento. La missione è il primo punto da fissare, stabilito il quale avrai chiara la direzione; lungo la direzione potrai porre i tuoi obiettivi e allinearli; l'allineamento, quindi, è una tecnica che va applicata all'interno della direzione con la quale si integra vicendevolmente. Allineamento e direzione costituiscono le fondamenta della leadership. Non ha senso essere allineato se non hai una direzione da seguire: ma non basta la direzione se non allinei ad essa tutto quello che fai, tutti i tuoi obiettivi.

Scrivere la missione è un primo passo importante. Certo, non si può pretendere che in un quarto d'ora si possa decidere la direzione della propria vita; questo è solo uno spunto su cui continuare a lavorare, per renderlo concreto nel quotidiano. Se ti fai un'idea della tua missione, della tua direzione, potrai lavorare poi con tutta calma sui tuoi obiettivi, sui progetti che hai, sulla tua azienda, sulla tua famiglia; ma se non hai un punto di partenza e uno di arrivo non riuscirai a fare nulla, oppure agirai a caso, in maniera poco efficace. La direzione, quindi, è fondamentale.

Stabilisci la tua missione di getto e poi tornaci con la calma necessaria, in un momento di relax, dedicando anche una o due ore per rifinirla o ridefinirla; rivedila anche ogni giorno per migliorarne la definizione. Nella vita reale la situazione è ovviamente un po' diversa dall'immagine che ce ne facciamo, e quindi, per mantenere la rotta, dovrai fare delle piccole deviazioni, correggerla lungo il cammino. L'importante è che, alla fine, tu riesca ad arrivare dove volevi.

Ricordi l'esempio fatto poco fa? Immagina proprio di guidare una nave; non vuoi più stare a Roma, vuoi andare a Genova, quella è la tua direzione. Forse ci sarà un po' di vento: devierai, prenderai le onde di punta, ma alla fine ci arriverai. Invece, se non sai dove stai andando, ti farai trasportare dagli eventi e, magari, prenderai altre direzioni da te non volute. Nello schema dei livelli logici, la missione è appaiata allo spirito, ma, in realtà, lo spirito è qualcosa di più grande, che la comprende; riguarda il sistema entro il quale ti senti di vivere, il mondo a cui ti senti di appartenere e quindi anche la missione che vuoi perseguire.

Chiediti sempre: «Le mie convinzioni, i miei valori, sono allineati a quello che ho scritto? Mi guideranno verso le decisioni giuste?», «Di quali convinzioni avrei bisogno per vivere una vita esattamente come quella che sogno, come quella che ho scritto nella missione?».

Se ad esempio nella missione hai scritto che vuoi conoscere tante persone, fare molte amicizie, ma di fatto trascorri la tua vita al lavoro, magari davanti a un computer, allora forse non stai andando nella direzione che hai scelto; i tuoi comportamenti non sono ad essa congruenti. Parti invece dalla persona che vuoi essere: il resto verrà di conseguenza. Cercherai, ad esempio, di aumentare le tue capacità, magari facendo dei corsi attraverso i quali amplierai la tua percezione del mondo affrontando realtà diverse, nuovi punti di vista; magari la conseguenza sarà che cambierai lavoro, ambiente, amicizie e soddisferai il bisogno di rapporti umani che ti eri posto come missione personale.

SEGRETO n. 36: la missione è il primo punto da fissare; una volta che l'avrai stabilita, avrai chiara la direzione lungo la quale porre i tuoi obiettivi per poi allinearli.

Abbiamo iniziato parlando di allineamento, in particolare dei livelli, perché sono uno schema entro cui possiamo inquadrare tutto, ed anche la direzione, che è il modo con cui potrai modificare tutti i livelli sottostanti. Il tuo lavoro di oggi potrà anche consistere nello stare dieci ore davanti al computer: ma, ora che hai la consapevolezza che la tua vita deve andare in un'altra direzione, cercherai di allineare anche il resto. Magari ci vorrà un po' di tempo: dovrai trovare un altro lavoro, ma lo farai non perché ti sei semplicemente stancato di stare tutto il giorno davanti al computer, ma perché sai esattamente quale persona vuoi diventare. Il tuo obiettivo, cioè, non sarà mal formulato ed espresso in negativo; e soprattutto, sarà congruente a ciò che vuoi veramente dalla vita, il che è ancora più importante.

Prima di domandare a te stesso o alla persona che avrai come cliente, o che vorrai semplicemente aiutare: «Vuoi cambiare lavoro, ma che lavoro vuoi fare?», chiedile: «Il lavoro che vuoi intraprendere è congruente con i tuoi valori? Con quello che vuoi dalla vita?» Fai, cioè, una verifica sul livello delle convinzioni e dei valori; l'obiettivo non solo va formulato bene, ma confrontato con la missione. Non voglio far perdere tempo ai miei clienti, alle persone che conosco, facendo loro fissare degli obiettivi, che magari riescono a raggiungere per poi accorgersi che non era quello che veramente volevano. Se sarai sicuro che quella è la missione della tua vita, seppure non riuscirai a realizzarla in modo diretto, cambierai strada, senza deprimerti.

Edison, inventore della lampadina, fece diecimila tentativi prima che il suo esperimento funzionasse, ma era talmente convinto di ciò che voleva raggiungere, da considerare i suoi diecimila tentativi mancati non come fallimenti, bensì come diecimila passi verso la sua invenzione. Ecco cosa significa percepire un mancato risultato come un insegnamento; lui non si è lasciato sopraffare dalla delusione e, alla fine, è riuscito nel suo intento. In PNL, infatti, si dice: «Se non riesci in un modo, proverai in un altro». Siamo esseri umani, non mosche che vanno a sbattere sul vetro perché non riescono a trovare l'uscita; possiamo provare in un altri modi, quindi non darti mai per vinto.

Potrai rimanere deluso, ma la delusione altro non è se non uno stato d'animo come un altro, e quindi si può gestire; c'è infatti un'intera branca della PNL che tratta della capacità di gestire il proprio stato d'animo in qualsiasi momento. Gli stati d'animo, in fondo, li creiamo noi. Se ti dici: «Ho fallito; non ce l'ho fatta; capitano tutte a me!», non farai che accrescere la tua delusione. Se invece dici a te stesso: «Va bene, mi è successo questo, ma cosa mi ha insegnato?», capirai quali sono i comportamenti da abbandonare, le azioni da non ripetere e, alla fine, raggiungerai il tuo obiettivo. È solo questione di atteggiamento; a meno che tu non abbia formulato male l'obiettivo, senza rispettare tutte le caratteristiche che abbiamo visto prima. Può anche accadere di non rendersi conto di aver raggiunto un obiettivo, semplicemente perché non era stato ben formulato.

SEGRETO n. 37: l'obiettivo non va solo formulato bene, ma confrontato con la propria missione; se non riuscirai a realizzarla in modo diretto cambierai strada, senza deprimerti.

Nei primi capitoli abbiamo parlato della validità di scrivere le proprie decisioni al fine di restare coerenti con esse e con noi stessi. Chiediamoci ora quante persone abbiano l'abitudine di scrivere i propri obiettivi: sono pochissime. Da un'indagine statistica svolta in America è risultato che la maggior parte delle persone, circa il 97 per cento, non pianifica i propri obiettivi. La cosa interessante è che il restante 3 per cento, pianificandoli, ottiene il 97 per cento dei risultati dell'intera popolazione. Ciò sembra rispecchiare il cosiddetto "principio di Pareto", noto anche come "Legge 80/20", secondo il quale la maggior parte degli effetti deriva da un numero ristretto di cause.

Avere una missione chiara, quindi, è fondamentale; perché tutte le aziende serie, che considerano importante la crescita e l'allineamento dei propri collaboratori, hanno una missione? Perché in azienda il fatturato viene misurato? Perché si fa un bilancio? Perché si fanno progetti? Per raggiungere risultati.

Allora, se anche noi, come individui, vogliamo raggiungere risultati, dobbiamo agire allo stesso modo: facendo progetti, facendo il bilancio della nostra vita, definendo dei risultati misurabili, dandoci una missione, uno scopo. Se tutto ciò funziona per un'azienda, perché non dovrebbe funzionare per un essere umano?

SEGRETO n. 38: per far sì che i tuoi obiettivi si concretizzino, devi pianificarli e scriverli; ciò contribuirà a far sì che tu li senta più realistici, quindi maggiormente realizzabili.

Ecco perché è importante lavorare anche individualmente. Anche il mio rapporto con i clienti del coaching non è di dipendenza ma, al contrario, è finalizzato a renderli indipendenti. Cioè, io do loro gli strumenti per agire e li rendo consapevoli delle risorse che hanno, non presto loro le mie. Posso aiutarli, se non sanno fare una cosa posso insegnarla loro, ma a livello di convinzioni, valori, identità, missione e spirito, estraggo ciò che c'è in loro; poi li invito a continuare questo lavoro di allineamento, tranquillamente, a casa loro, dove, quando e con chi vogliono. Il bello di questo tipo di formazione è proprio la possibilità di rendere indipendenti le persone; facendo sì che imparino a gestirsi nel modo migliore e che siano in grado di prendere anche le decisioni più difficili in modo coerente ed adeguato.

RIEPILOGO DEL GIORNO 6:

- SEGRETO n. 30: un obiettivo ben formulato è espresso in positivo e, cioè, dice ciò che una persona vuol fare e non ciò che *non* intende fare.

- SEGRETO n. 31: un obiettivo è misurabile se contiene dati specifici e concreti che permettano di capire che è stato raggiunto.

- SEGRETO n. 32: l'obiettivo deve mantenere i vantaggi secondari dello stato attuale, ovvero i benefici legati alla precedente situazione.

- SEGRETO n. 33: perché un obiettivo sia concretizzabile con successo devi potertene assumere la responsabilità; se hai bisogno di altre persone, fa sì che collaborino e ti supportino.

- SEGRETO n. 34: un obiettivo sarà ecologico se rispettoso della tua persona, ossia non solo del tuo fisico ma anche dei tuoi valori.

- SEGRETO n. 35: una volta stabilita una rotta e focalizzato un obiettivo, il tuo cervello lavorerà in automatico per raggiungerlo.

- SEGRETO n. 36: la missione è il primo punto da fissare; una volta che l'avrai stabilita, avrai chiara la direzione lungo la quale porre i tuoi obiettivi per poi allinearli.

- SEGRETO n. 37: l'obiettivo non va solo formulato bene, ma confrontato con la propria missione; se non riuscirai a realizzarla in modo diretto cambierai strada, senza deprimerti.

- SEGRETO n. 38: per far sì che i tuoi obiettivi si concretizzino, devi pianificarli e scriverli; ciò contribuirà a far sì che tu li senta più realistici, quindi maggiormente realizzabili.

GIORNO 7:
ESSERE IL MENTORE DI TE STESSO

Scrivendo la tua missione, hai individuato, almeno in prima bozza, la direzione che *segnerà* i tuoi obiettivi, i tuoi comportamenti, la tua vita in generale, che ti permetterà di notare coincidenze, *segnali* e opportunità su tutti i livelli e prendere le decisioni migliori per te.

Magari conoscerai nuove persone, frequenterai un posto nuovo e vedrai come la tua missione influirà su tutto il resto. Ma ti sei mai chiesto cosa sono le tue convinzioni? Se l'ambiente è il "dove", il comportamento è il "cosa" e le capacità sono il "come", allora le convinzioni e i valori sono il "**perché**" facciamo le cose, e sono un vero e proprio fondamento della crescita, le fondamenta sulle quali basare le nostre decisioni.

In che modo le tue **convinzioni** supportano la tua identità, la tua missione, le tue scelte? Il lavoro che ora ci apprestiamo a fare è finalizzato a scoprirlo; ti chiedo, infatti, di pensare a quali convinzioni supportino la tua missione, ovvero di cosa pensi di dover essere convinto per raggiungere il tuo obiettivo. Se il tuo obiettivo è di diventare formatore, di andare nella direzione dello sviluppo personale e di far crescere tante persone, la convinzione di essere timido potrebbe limitarti. L'esercizio che ti suggerisco ti permetterà di prendere consapevolezza di eventuali convinzioni limitanti o non allineate alla tua missione.

Non sempre si hanno convinzioni giuste: spesso accade che siano proprio delle convinzioni sbagliate a sabotare il raggiungimento dell'obiettivo, rendendone impossibile la concretizzazione o, quanto meno, rallentandola. In PNL esiste un esercizio specifico sulla valutazione delle proprie convinzioni, utilizzabile con efficacia anche in presenza di decisioni difficili da prendere: è denominato esercizio di *"mentoring"*.

Il mentore è infatti una persona che può guidarti e aiutarti nella conquista della convinzione di cui hai bisogno. Ad esempio, se io sono timido e, però, conosco una persona che, avendo un carattere molto simile al mio, è riuscita ad acquisire sicurezza tanto da poter fare il formatore, quella persona per me è un mentore, cioè una guida. L'esercizio consiste nell'immaginare di entrare nel proprio mentore e assumerne le convinzioni. Pensa a una tua convinzione limitante, che ti ostacola nel cammino verso il raggiungimento del tuo obiettivo; ora concentrati e cerca di individuare un mentore. Può essere una persona reale o immaginaria, qualcuno che conosci o di cui hai sentito parlare, un personaggio tratto da un libro o da un film, ma che possieda quella risorsa che a te manca, quella convinzione potenziante che non hai.

L'esercizio consiste nell'entrare in quella persona, con l'immaginazione, prendere la sua convinzione e farla propria. Per aiutarti a capire come ciò sia possibile, ti riporto la trascrizione di una dimostrazione svolta durante uno dei miei corsi.

****

GIACOMO: Per svolgere la prossima dimostrazione, ho bisogno dell'aiuto di un volontario; vuoi venire tu, Cristiano? Perfetto, iniziamo. Parliamo di missione; ce l'hai ben chiara in mente, tanto che l'hai scritta. Pensa a una convinzione che ti ha limitato, che ti ha ostacolato nel raggiungere la tua missione.

CRISTIANO: Va bene anche pensare ad una missione non attuale ma prevista per il futuro?

GIACOMO: Sì, certamente; in questo caso, penserai ad una convinzione che, in prospettiva, ti può limitare, ostacolare.

CRISTIANO: È necessario che la dica?

GIACOMO: Se vuoi puoi dirla, ma non è necessario; come sai, in PNL non ci interessano i contenuti, possono restare nella tua mente senza che ce li esterni necessariamente.

CRISTIANO: Nessun problema, posso dirla. La mia missione riguarda il lavoro: voglio arrivare ad un buon livello professionale, ad avere una buona carriera. Dunque potrebbe limitarmi il fatto di non essere sicuro delle mie capacità, delle mie potenzialità.

GIACOMO: Quindi, per combattere la tua insicurezza, di che convinzione avresti bisogno?

CRISTIANO: Di acquisire sicurezza circa le mie capacità nell'ambito del lavoro e, in generale, sicurezza in me stesso.

GIACOMO: Perfetto: è chiaro. Conosci una persona che ha la sicurezza di cui tu avresti bisogno?

CRISTIANO: Sì.

GIACOMO: Bene, hai già in mente chi è, e, anche stavolta, non è necessario che tu ce lo dica. Ora immagina che sia qui di fronte a te; dove la vedi?

CRISTIANO: Qui, a pochi centimetri da me.

GIACOMO: Bene; adesso ti chiedo di immaginare di entrarle dentro. Fai materialmente un passo nella direzione del tuo mentore e immedesimati in lui; guarda dai suoi occhi, ascolta con le sue orecchie, avverti le sue sensazioni e la sua convinzione di essere sicuro, dentro di te, dentro il tuo corpo. Ora, mentre la senti, lasciala espandere per tutto il tuo essere: respirala, vivila.

Immagina che qui, di fronte al tuo mentore, ci sia tu, che hai bisogno della convinzione di sicurezza che il tuo mentore ha. Cosa puoi dire a Cristiano affinché acquisisca questa convinzione? Dà a te stesso qualche consiglio.

CRISTIANO: A Cristiano direi che deve…

GIACOMO: Non rivolgerti a me, parla a Cristiano che è di fronte; ricorda che, in questo momento, sei il mentore.

CRISTIANO: Devi credere sempre in te stesso, in qualunque momento della giornata; non temere di agire, credi in quello che stai facendo senza aver paura di accollarti dei rischi. Vai sempre a testa alta sapendo di esserti comportato con responsabilità; sii sicuro di quello che hai fatto perché comunque sai che è stato giusto per te.

GIACOMO: Vuoi aggiungere qualcosa? Hai qualche altra cosa da dirti?

CRISTIANO: Sì; sei grande!

GIACOMO: Adesso rifai due passi indietro e rientra in te stesso. Ora immagina che il mentore che hai in mente ti abbia appena parlato; riascolta dentro di te i consigli che ti ha dato e il complimento che ti ha fatto, e ora che sei di nuovo dentro di te, vivili, elaborali, lasciali espandere nel resto del corpo. Vivi questa ritrovata sensazione di sicurezza che si espande nel tuo corpo; lasciala irradiare più velocemente che puoi. Ti senti molto sicuro: sei grande! Pensi di aver bisogno di qualche altro consiglio o va bene così?

CRISTIANO: No, va bene così. Mi sento… grande!

GIACOMO: Perfetto, molto bene! Facciamo un applauso a Cristiano.

****

Quindi, per riassumere: pensa a una persona, il tuo mentore, che abbia la convinzione o le risorse di cui hai bisogno; immaginala in un determinato punto vicino a te. Entra in quella persona, vivila, sentila, con la testa, con le orecchie, con gli occhi, con le sensazioni. Parlale e poi ritorna qui, ascolta ciò che ti dice e metti in pratica; così facendo, allineerai identità, convinzioni e valori. Questo esercizio è immediato, cioè fornisce un risultato istantaneo e nessuno ti vieta di ripeterlo più volte, anzi, è auspicabile perché io posso fornirti gli strumenti, ma sarai tu a dover agire e, a questo scopo, esercitarsi è fondamentale. Inoltre, come i precedenti, può anche esser svolto in autonomia, ed è questo uno dei vantaggi della PNL. Voglio infine sottolineare che in questo come negli altri casi si tratta di esercizi pratici che devono funzionare per tutti, occorre quindi metterli in pratica con flessibilità; se su di te l'esercizio funziona meglio in un modo piuttosto che in un altro, ti adeguerai.

L'esercizio di mentoring è molto utile per l'allineamento delle convinzioni; è solo uno dei tanti modi proposti dalla PNL, ma funziona particolarmente bene, perché sposta all'esterno la possibilità di lavorare su se stessi. Spesso infatti non riusciamo a lavorare su noi stessi in prima persona. Come è noto, è più facile dare consigli a un'altra persona che a se stessi; l'esercizio sfrutta questo meccanismo e permette di darsi dei consigli, calandosi nei panni di un'altra persona. Fare da soli l'esercizio non solo è comodo, perché permette di scegliere i propri tempi come meglio si crede, ma è rispettoso della propria privacy, perché non sempre si ha voglia di confidare a un'altra persona sentimenti e convinzioni profondi e intimi. Puoi farlo a voce alta o semplicemente usando il tuo dialogo interiore, scegli come preferisci. Comincia a fare gli esercizi così come io te li propongo, poi con calma puoi anche personalizzarli.

SEGRETO n. 39: l'esercizio di mentoring consiste nell'immedesimarsi nel nostro mentore, ovvero qualcuno che ammiriamo e che possiede la convinzione che vorremmo acquisire, per riuscire a carpirla.

Si può anche essere **mentore di se stesso**, ovvero immedesimarsi nella propria persona e recuperare una risorsa che già si possiede, magari da un comportamento assunto in passato, realizzando un ancoraggio. Se, ad esempio, come nel caso di Cristiano, la risorsa che ci serve è quella della sicurezza, potremmo pensare ad un momento della nostra vita in cui ci siamo sentiti particolarmente sicuri di noi stessi, al lavoro o in qualsiasi altro ambito. A quel punto ci immedesimeremo in ciò che eravamo nel momento in cui possedevamo la risorsa, assorbiremo le nostre convinzioni di allora e la recupereremo, per poterla utilizzare con successo nel presente. Si tratta di realizzare un "ancoraggio", una strategia cui abbiamo già accennato in un precedente esercizio, utile per creare un'associazione tra uno stimolo e una risposta; ancorando un semplice gesto al momento di picco di una sensazione la si potrà rivivere quando si vorrà, solo ripetendo il medesimo gesto. Tale tecnica viene affrontata più dettagliatamente nei corsi di "*Autostima*" e di "*Motivazione*"; ne riparleremo tra breve, nell'ambito dell'esercizio sullo "sponsorship".

SEGRETO n. 40: si può anche essere mentore di se stesso immedesimandosi nella propria persona e, tramite un "ancoraggio", recuperare una risorsa che si è avuta nel passato e che si vorrebbe riacquisire e utilizzare nel presente.

L'ipotesi di base, la premessa che c'è in PNL, è che le convinzioni non siano né vere né false, perché per ognuna di esse c'è un riferimento. Se cento volte sei stato timido, è anche vero che in altrettante occasioni hai invece agito con sicurezza; anche la timidezza, quindi, è solo una nominalizzazione, che si basa, come tutte le convinzioni, sulle esperienze che abbiamo avuto. Ricordi ciò che ti ho detto all'inizio di questa guida? I nostri comportamenti non corrispondono alla nostra identità: noi non siamo i nostri comportamenti; la convinzione è una generalizzazione che nasce dai nostri comportamenti e non è né vera né falsa, bensì potenziante o limitante, nei confronti del risultato da ottenere. In PNL, infatti, si valuta in base a ciò che funziona e ciò che non funziona.

SEGRETO n. 41: la convinzione è una generalizzazione che nasce dai nostri comportamenti, e non è né vera né falsa, bensì potenziante o limitante; in PNL, infatti, si valuta in base a ciò che funziona o meno.

Quindi, se hai delle convinzioni che ti limitano nel raggiungimento della tua missione, dovrai adoperarti per trasformarle. Non sono né vere né false, quindi le puoi cambiare; ma come? Uno dei modi possibili è proprio l'esercizio che ora ti propongo, quello di **sponsorship,** che a me piace molto. Forse ricorderai che abbiamo accennato al concetto di sponsor anche in precedenza, ora lo approfondiamo: lo sponsor è colui che ti stima, che crede in te, che ti incoraggia dicendoti: «Sei forte, vai bene così!», indipendentemente da quello che fai, da quello che pensi. Anche questo esercizio è utilissimo per prendere decisioni; ti può dare la giusta spinta emotiva, quel pizzico di coraggio in più che ci serve per arrivare a decidere. Nella dimostrazione che ti ho riportato, Cristiano alla fine si è detto: «Sei grande!», ricordi? Quello è un messaggio di sponsorizzazione, cioè di stima incondizionata sull'identità. E l'esercizio che sto per proporti funziona nello stesso modo.

L'esercizio di sponsorship è molto semplice e molto efficace. Il cliente si posiziona al centro, il coach e i vari sponsor si disporranno attorno a lui: due ai suoi lati, uno di fronte e uno alle sue spalle. Anche in questo caso ti propongo la trascrizione di una dimostrazione svolta in aula durante uno dei miei corsi.

****

GIACOMO: Quello che ci apprestiamo a fare è un esercizio di sponsorship, per lo svolgimento del quale avrò bisogno della collaborazione di diversi allievi; chi mi vuole aiutare? Perfetto: i miei "aiutanti" saranno Serena, Paolo, Isabella e Michele. Vi spiego cosa faremo adesso; Paolo, che è il "cliente", si siede al centro e, mentre si rilassa, si concentra sulla sua missione; intanto visualizza una serie di immagini relative alla situazione in cui si troverà quando la sua missione sarà realizzata.

Paolo, mentre sei tranquillo e vedi te stesso realizzare tutti gli obiettivi che ti sei prefissato, noi quattro, a turno e con un certo ritmo, ti daremo dei bei messaggi motivanti, inventati da noi.

Inizierà Serena che, ad esempio, potrebbe dirgli: «Sei forte; sei grande; vai bene così; sei fantastico». Chiaro? In questo modo faremo sì che stia bene, che acquisisca una stima incondizionata in se stesso mentre pensa al suo obiettivo, alla sua missione; così facendo godrà veramente dell'aver scelto di perseguire questa missione, di aver visualizzato queste immagini. Sarà molto piacevole, vedrai. Dunque, cominciamo da Serena, poi procederemo a turno secondo un ritmo. Via!

SERENA: Sei forte.

MICHELE: Credici perché ce la farai.

ISABELLA: Le persone che ti sono vicine, ti vogliono bene.

GIACOMO: Vai bene così.

SERENA: Abbi fiducia in te stesso.

MICHELE: I risultati li stai ottenendo, lo vedi.

ISABELLA: Dai sempre il meglio di te.

GIACOMO: Hai un obiettivo fantastico.

SERENA: Non mollare mai.

MICHELE: Vai avanti.

ISABELLA: Continua, continua.

GIACOMO: Abbi fiducia in te stesso.

SERENA: Credici e raggiungerai la tua missione.

MICHELE: Ce l'hai già un obiettivo, si vede che credi in te stesso: stai sorridendo!

ISABELLA: La tua forza la percepiamo sempre.

GIACOMO: Sei forte, hai tantissime capacità.

SERENA: Sei grande.

MICHELE: Stai per raggiungere l'obiettivo.

ISABELLA: Non mollare, credi sempre nella gente, abbi fiducia.

GIACOMO: E mentre assorbi questi pensieri, torna tra noi, Paolo, e dimmi la tua sensazione…

PAOLO: La sensazione che ho è di trovarmi nel gradino più alto del mio stato emotivo, quasi fossi arrivato all'apice della mia sensazione!

GIACOMO: Insomma: sei a un metro da terra! Bene. In realtà questo primo giro è servito per darvi un'idea: ora lo faremo meglio e con un po' di musica di sottofondo: vedrai che la tua sensazione si approfondirà ulteriormente. L'idea che sta alla base dell'esercizio, quindi, è di procedere con un certo ritmo dicendo una frase motivante a testa.

Ma dimmi, Paolo, ti piacevano tutte le frasi che hanno detto gli sponsor? Magari alcune ti piacevano più di altre e, in questo esercizio, puoi scegliere di sentirti dire solo quelle che preferisci. È molto importante sottolinearlo. Ad esempio potresti chiedere a Serena di dirti sempre: «Sei grande!»; tra l'altro, questa richiesta semplifica il suo lavoro, perché non dovendo pensare alle parole da dire, sarà più veloce. Lo stesso discorso vale per gli altri.

Bene, riprendiamo e, andando a ritmo, indurremo Paolo ad uno stato di grande rilassamento. Poi, dopo qualche minuto, quando vi accorgerete che ha raggiunto lo "stato di picco", ovvero il massimo rilassamento, creerete un "ancoraggio" ad esso: legherete questo suo stato di benessere ad un gesto, in modo tale che, volendo, lo possa richiamare a suo piacimento anche in futuro. In questo caso l'ancoraggio consisterà nel mettere tutti assieme le mani sulle spalle di Paolo nel momento in cui avverte la sensazione nel modo più intenso, tanto da far sì che senta un brivido percorrergli la schiena. L'idea è di far vivere al "cliente" delle belle sensazioni mentre sta pensando al suo obiettivo, alla sua missione e renderla così più certa e attuabile: è una sensazione molto piacevole. Qualche domanda?

PAOLO: Volevo domandare se conoscere l'obiettivo in dettaglio, e non solo la missione, può rendere l'esercizio più facile.

GIACOMO: Che lo conosca il "cliente" può aggiungere concretezza all'esercizio, può renderlo più efficace, in quanto potrà scegliere con maggiore sicurezza le frasi che gli altri dovranno dirgli per motivarlo. Che lo conosca il coach o gli altri sponsor, no; infatti, in genere in PNL non è mai necessario conoscere il contenuto dell'obiettivo, perché si lavora sulla forma. In genere io non so quale sia il l'obiettivo del cliente, e va bene così; l'importante è che rispetti le caratteristiche di un obiettivo ben formulato, ovvero che sia espresso in positivo, misurabile, responsabile, che mantenga i vantaggi attuali e sia ecologico: controllalo. Paolo, hai già un obiettivo in mente?

PAOLO: No, per ora è un'idea dai contorni non ancora definiti.

GIACOMO: In questo caso, pur scegliendo i messaggi da ricevere, essi non saranno specificamente tagliati per un obiettivo, ma "a tutto tondo"; saranno messaggi incondizionati, tesi a confortarti nel percorso verso il raggiungimento del tuo obiettivo, quale che sia.

Ma non ci fermiamo a questo; per amplificare la sensazione positiva di Paolo, possiamo anche "giocare" a modulare in modo particolare le voci delle persone che fanno sponsorship nei suoi confronti.

Prendiamo Serena, che inizia il giro dei messaggi; se, ad esempio, preferissi ricevere la sua voce da destra piuttosto che da sinistra, o volessi sentirla alle tue spalle, potresti chiederle di spostarsi: puoi spostare gli sponsor a tuo piacimento. Ricorda che la voce che arriva dalle tue spalle normalmente ha l'impatto più potente sulle tue sensazioni; valutalo anche in riferimento alla frase che deciderai di far dire allo sponsor dietro di te. A Serena, Michele e Isabella consiglio, nel momento in cui pronunciano la loro frase, di avvicinarsi comunque un po' a Paolo: deve sentire che gli state "entrando nel cervello".

Ora, Paolo, ci puoi dire se ci sono alcune frasi che preferiresti sentire?

PAOLO: No, non ho preferenze. Dite quelle che vi vengono in mente. Vi chiedo, però, di parlare a voce più alta.

GIACOMO: Va bene, allora procediamo dicendo una frase a nostro piacimento; va bene che sia sempre la stessa?

PAOLO: Sì.

GIACOMO: Inizio io: sei grande.

ISABELLA: Sei una persona speciale.

MICHELE: Ce la farai.

SERENA: Sei forte.

GIACOMO: Sei grande.

"[…] l'esercizio prosegue nello stesso modo per altri cinque minuti […]" Paolo ascolta le sollecitazioni degli sponsor in stato di concentrazione, esprimendo un'emozione di gioia attraverso il suo sorriso, che diviene via via sempre più deciso. Nel frattempo, Giacomo, per far sì che la voce dei vari sponsor arrivi a Paolo più netta e che, così, la sua sensazione si approfondisca ulteriormente, chiede agli altri di avvicinarsi. È Paolo stesso ad individuare il momento di picco, e fa un cenno a Giacomo che invita gli altri ad ancorare.

GIACOMO: Ecco, Paolo ha raggiunto il momento di picco della sua sensazione: ancoriamolo tutti insieme ad un gesto! Stringetelo forte alle spalle. Paolo, mentre lo fanno, goditi la sensazione che provi: respira. Te lo ripeto: sei grande!

Voglio sottolineare un fatto: tu ci hai chiesto di parlare a voce più alta per amplificare la tua sensazione, ma in realtà, come ho consigliato, sarebbe stato sufficiente che gli sponsor, nel momento di dire la loro frase, si fossero avvicinati a te; ricordate, più sarete vicini, più "entrerete" nella persona. Una variante di questo esercizio si fa girando attorno al "cliente"; mentre si gira, ognuno, a turno e a ritmo, dice la propria frase. In questo modo è ancora più coinvolgente. Va bene, facciamo un applauso a tutti e quattro!

****

È un esercizio davvero molto piacevole, nei miei corsi lo faccio fare anche a gruppi e ognuno a turno fa il cliente, la persona sponsorizzata. Si sperimentano sensazioni mai provate, perché sicuramente nessuno ha mai avuto quattro, cinque persone che nell'orecchio, gli dicessero: «Sei grande; sei speciale; sei straordinario; sei fantastico; ce la fai; è il tuo obiettivo» ciò dà una forza particolare, come ti dicevo, fornisce la spinta giusta per decidere.

La direzione puoi trovarla scrivendo la missione che ti permette di fissare lo stato desiderato, che unito allo stato attuale diventa una retta, che è, appunto, la direzione. Per rafforzarla, renderla ancora più piacevole, desiderabile, puoi fare questo esercizio di sponsorship che crea un vero e proprio ancoraggio di piacere; il segreto, se lo farai con altre persone, è pensare alla missione mentre gli altri ti dicono: «Vai bene così; è giusto così; sei grande; ce la puoi fare».

Questo serve a dare uno stimolo, una motivazione in più a qualcosa che per te è già molto importante: la tua direzione. Vale la pena provare questa sensazione. Anche in questo caso, come per l'esercizio effettuato in precedenza, puoi svolgerlo anche da solo, aiutandoti con un computer; non sempre, infatti, si possono avere a disposizione delle persone con cui fare l'esercizio, e a me era piaciuto talmente tanto quando l'ho scoperto, durante un corso, che ci tenevo a rifarlo anche autonomamente. Registra la tua voce che dice: «Sei speciale; sei grande; sei straordinario» e poi riascolta i vari messaggi, variandone l'ordine. Se poi, magari, conosci delle persone che come te credono nella crescita personale e riesci ad organizzare un gruppo di pratica, ben venga.

SEGRETO n. 42: l'esercizio di sponsorship consiste nel ricevere una serie di messaggi motivanti che permettono di fortificarsi nel perseguimento della propria missione.

Comunque, anche sentire la propria voce che manda messaggi di positività e incoraggiamento è molto efficace, in alcuni casi addirittura più efficace; è un po' come sostituire il proprio dialogo interiore. In PNL, infatti, si studiano le submodalità, ovvero il modo di elaborare immagini, suoni, sensazioni dentro di noi; il dialogo interiore è quello che ci motiva o al contrario ci disincentiva, che ci dice: «Sei forte, ce la fai, stai andando bene», oppure: «Tu non sei capace; lascia perdere» e così via. Ha determinate caratteristiche: qualcuno lo sente alle proprie spalle, altri di fronte a sé, alcuni da destra, altri da sinistra. Ecco a quale scopo, in questo esercizio, chi sta al centro può decidere quale voce deve arrivare da una parte e quale dall'altra, per emulare il più possibile il proprio dialogo interiore.

Quando, in una dimostrazione, una persona mi dice di preferire che alle sue spalle ci sia una donna, ciò significa che sente la voce femminile più calda rispetto a quella di un uomo; forse la voce di un uomo è quella che per qualche motivo lo smonta nel suo dialogo interiore. È molto importante caratterizzare queste voci proprio per renderle il più possibile simili ai meccanismi cerebrali, senza chiedersi il perché, ma cercando di sfruttarne il funzionamento a proprio favore; ciò sarà utile per motivarci e portarci a fare una scelta che tendiamo a rinviare.

SEGRETO n. 43: lo sponsorship sarà più efficace se emulerà fedelmente il tuo dialogo interiore; allora varia le submodalità delle voci degli sponsor, perché siano per te più efficaci, così come faresti per il tuo dialogo interiore.

La musica può migliorare l'effetto di questo esercizio, in particolare una musica che ti dia la carica o che ti rilassi; metti un sottofondo musicale, decidi tu di che tipo e con il volume che ti è più utile. Per esempio Bandler, nel corso di public speaking che ho fatto con lui, ogni volta che qualcuno saliva sul palco metteva una musica molto motivante e diceva: «Questa musica tenetela nel cervello anche quando non sarete più su questo palco ma a casa vostra, nella vita di tutti i giorni». Anche questa è una forma di ancoraggio e funziona molto bene. Le canzoni sono un esempio perfetto di ancora, in quanto è facile che rimangano legate a ricordi di momenti particolari della nostra vita.

RIEPILOGO DEL GIORNO 7:

- SEGRETO n. 39: l'esercizio di mentoring consiste nell'immedesimarsi nel nostro mentore, ovvero qualcuno che ammiriamo e che possiede la convinzione che vorremmo acquisire, per riuscire a carpirla.

- SEGRETO n. 40: si può anche essere mentore di se stesso immedesimandosi nella propria persona e, tramite un "ancoraggio", recuperare una risorsa che si è avuta nel passato e che si vorrebbe riacquisire e utilizzare nel presente.

- SEGRETO n. 41: la convinzione è una generalizzazione che nasce dai nostri comportamenti, e non è né vera né falsa, bensì potenziante o limitante; in PNL, infatti, si valuta in base a ciò che funziona o meno.

- SEGRETO n. 42: l'esercizio di sponsorship consiste nel ricevere una serie di messaggi motivanti che permettono di fortificarsi nel perseguimento della propria missione.

- SEGRETO n. 43: lo sponsorship sarà più efficace se emulerà fedelmente il tuo dialogo interiore; allora varia le submodalità delle voci degli sponsor, perché siano per te più efficaci, così come faresti per il tuo dialogo interiore.

CONCLUSIONE

Il *segno* è nella tua mente. Allineamento mentale e direzione si integrano a vicenda per aiutarti nelle scelte difficili che *segnano* la tua vita. Bisogna imparare ad allinearsi, ma in realtà per farlo è necessario capire quale direzione si vuole seguire. Una volta stabiliti punto di partenza e punto di arrivo, per allinearti lavora sui livelli logici, ovvero ambiente, comportamento, capacità, convinzioni e valori, identità e spirito, nonché sulla missione, che altro non è se non la direzione da seguire.

Se ti capiterà di incontrare degli ostacoli, un problema, una difficoltà, un piccolo fallimento, non saranno altro che insegnamenti; potrai fare delle deviazioni, ma, in realtà, starai procedendo sempre nella tua direzione, che rimane fissa e ben *segnata*. Prenditi del tempo per rivedere con calma la tua missione, per puntualizzarla, aggiungere particolari; verifica se è veramente quello che vuoi, controlla che non sia decisa frettolosamente e con troppa semplicità, ma, al contrario, che sia profonda e rispecchi veramente i tuoi valori e le tue convinzioni. Una volta che la missione, cioè la direzione, è chiara, adoperati per allineare tutto il resto. Quindi fa sì che la tua identità corrisponda alla tua missione, a chi veramente vuoi essere e così che vi corrispondano le tue convinzioni e i tuoi valori; poi impara ciò che ti serve, fai ciò che ti serve, frequenta le persone o gli ambienti che ti servono, per raggiungere il tuo obiettivo.

Chiediti, ad esempio, se il tuo lavoro è congruente con quello che sei e vuoi essere. Se non lo è, troverai il modo e il tempo per trovare il lavoro più giusto, per diventare la persona che vuoi essere. La stessa cosa può avvenire riguardo alle relazioni affettive. Domandati: «Il mio partner è la persona giusta?» Ricorda sempre che nelle relazioni umane ci deve essere condivisione dei livelli logici del "nucleo": se si condividono anche quelli più bassi, tanto meglio.

Il problema è che spesso si instaura una relazione perché magari si fanno le stesse cose: lo stesso sport, lo stesso hobby, oppure perché si frequenta lo stesso ambiente. Ma i valori? Le convinzioni? L'identità? Una prima conoscenza avviene sicuramente sulla base dei livelli più bassi, comportamento e ambiente, ma per approfondirla bisognerà verificare che tra i due ci sia un allineamento vero; perché se c'è una differenza al livello di convinzioni, valori o di identità o di spirito, la relazione non avrà nessun futuro. Lascia, quindi, che le voci positive che hai sentito nella tua testa, leggendo gli esercizi che ho proposto, continuino a *segnare* la tua vita e a risuonare dentro di te mentre pensi ai tuoi obiettivi, alla tua missione, alla tua direzione.

I *segni* dati dal tuo sistema di valori sono necessari per decidere al meglio e fare scelte difficili, ma decidere significa essere proattivi: cioè, inserire la scelta tra lo stimolo e la risposta. Scegli, quindi, come rispondere, indipendentemente dagli eventi esterni. Se una persona ti offende, puoi continuare comunque a sentirti bene. Se una persona ha un valore diverso dal tuo, accettalo: non ti devi arrabbiare, ma cercare di sentirti nello stato adatto per trovare una soluzione. La scelta è importante, ma ricordati che vai bene comunque!

Vai bene se fai la scelta sulla quale hai un dubbio, se non la fai e anche se non decidi; non dimenticare che la tua identità va tutelata, che comunque sei un essere umano che ha il diritto di decidere con calma, valutando bene i suoi valori e scegliendo le risposte.

Al centro ci sei comunque tu, e la tua autostima deve prescindere da tutto il resto, dagli stimoli esterni spesso negativi, dagli ostacoli che incontrerai nella vita. Puoi scegliere di stare bene ugualmente, di sentirti bene anche se quella certa decisione ancora non l'hai presa; magari hai semplicemente bisogno di più tempo e di aspettare i *segnali* giusti.

Buone decisioni!
Giacomo Bruno